U0605664

2022年

国家统一法律职业资格考试

主观题
冲刺案例分析
刑　法

张宇琛◎编著

中国政法大学出版社

2022·北京

图书在版编目（ＣＩＰ）数据

2022 年国家统一法律职业资格考试主观题冲刺案例分析. 刑法/张宇琛编著. —北京：中国政法大学出版社，2022.8
ISBN 978-7-5764-0612-2

Ⅰ.①2… Ⅱ.①张… Ⅲ.①刑法－中国－资格考试－自学参考资料 Ⅳ.①D92

中国版本图书馆 CIP 数据核字(2022)第 136808 号

出　版　者	中国政法大学出版社
地　　　址	北京市海淀区西土城路 25 号
邮寄地址	北京 100088 信箱 8034 分箱　邮编 100088
网　　　址	http://www.cuplpress.com （网络实名：中国政法大学出版社）
电　　　话	010-58908285(总编室)　58908433（编辑部）58908334(邮购部)
承　　　印	固安华明印业有限公司
开　　　本	787mm×1092mm　1/16
印　　　张	4.75
字　　　数	110 千字
版　　　次	2022 年 8 月第 1 版
印　　　次	2022 年 8 月第 1 次印刷
定　　　价	49.00 元

目　录

第一章　犯罪的客观要件【违法】

第一节　行为主体

【案例1】甲公司系从事钢材交易的有限责任公司，通过倒卖赚取利润差营利。2012年12月至2013年4月，甲公司业务员卞某先后4次以甲公司名义与乙公司签订钢铁产品购销合同，约定由甲公司向乙公司销售指定品牌和规格的圆钢。卞某采购后，采用更换或撕下标识的手段以不合格圆钢冒充合同指定的圆钢转售给乙公司，甲公司从中销售得款共计人民币36万余元。卞某以甲公司名义独自开展业务，公司并无专门的会商或决策。但甲公司业务员与客户签订合同后，会将采购钢材的型号、规格、采购单位、采购价格、销售价格等情况告知公司负责人，并由负责人安排支付采购货款，收集、整理相应增值税专用发票，制作销售资料明细表。

问：根据以上案情，请思考卞某未经单位决策程序而实施合同诈骗行为，是否构成单位犯罪？

【参考答案】单位犯罪需要体现单位意志，行为人在单位决策机构或负责人员的概括性授权范围内实施的行为，以及单位明知或者事后默认其单位成员犯罪行为的场合，均应视为单位意志的体现。

就本案事实来看，卞某与乙公司签订购销合同、采购及销售货物后，会将钢材型号、规格等情况告知公司负责人，并由负责人安排支付采购货款，收集、整理相应发票。这一系列过程表明，公司负责人显然已了解到卞某欺骗乙公司的行为后，并未表示明确反对，反而仍然将乙公司的购货款予以接受，说明公司负责人对卞某的欺骗持默许态度，进而反映该欺骗行为实际仍属单位意志范围内。

本案卞某的合同欺骗行为应视为公司整体意志的体现，应将甲公司作为单位犯罪主体、卞某作为直接责任人员追究其合同诈骗罪的刑事责任。

第二节　行为（实行行为）

【案例2】2015年4月，某村村民李某病死，家属为了哀悼死者，请张某为死者作法事，观赏者有100余人。有四人在丧葬现场打扑克，张某要求四人不要在这里打扑克，四人不听。张某说："法事活动非常庄重，如果你们坚持在这里打扑克，待会我作法会唤醒亡灵。你们对死者不敬，可能会招来杀身之祸，到时我就无法控制了。"四人当做笑谈，仍不予理睬。当张某正在作法事中，突然雷雨交加，距张某一尺多远处被雷所击，正好把围桌打扑克的四个人击毙。后来，此事被告发，张某被逮捕。

问：张某的行为是否构成犯罪？

【参考答案】为死人做法事是当地农村旧事悼念活动，是生者对死者的怀念，其根本不会致人死亡。换言之，作法事不会引起对四名被害人生命具体、紧迫具体的危险，张某的行为不是故意杀人罪的实行行为。根据两阶层的犯罪论体系，既然没有实行行为，就不需要再进行第二阶层（故意或者过失）的判断。因此，张某无罪。

【案例3】某地乡委书记田某，一直没有受到进一步提拔。为了上位，田某指使小舅子甲捏造田某收受巨额贿赂的事实向监察委员会举报。甲却基于报复田某的目的真的举报自己的姐夫。监察委员会经过认真调查，发现田某在任职期间是一个十分清廉的清官。田某获得了提拔。

问：甲的举报行为无端启动司法秩序，是否构成诬告陷害罪？

【参考答案】甲的行为不构成诬告陷害罪，甲无罪。

诬告陷害罪的法益不是司法秩序，而是公民人身权益。田某指使小舅子甲捏造自己受贿的事实向监察委员会举报，就等于承诺了甲的行为使自己陷入被刑事追究的危险，该有效的被害人承诺，使甲的所谓的"诬告"行为便不具有违法性，根据两阶层的犯罪论体系，则不需再进一步判断甲是否具有诬告的故意，因此甲无罪。

【考点总结】**实行行为**

实行行为，即刑法分则所规定的构成要件行为。实行行为是犯罪构成要件中的核心概念。

1. 实行行为是被刑法分则条文具体罪名所 类型化 的、具有法益侵害 紧迫危险 的行为；

2. 实行行为对法益所创设的危险，是刑法所不容许的；

3. 实行行为是因果关系中的前因，因果关系所要判断的就是能否将某种结果归属于某种行为，即因果关系就是实行行为与危害结果之间引起与被引起的关系。

【案例4】2013年7月，杨某某与张某某谈恋爱，后产生矛盾。杨某某购买硫酸倒入杯中携带至张某某家。杨某某拿出水杯对张某某说"真想泼到你脸上"，并欲拧开水杯盖子，但未能打开。张某某认为水杯中系清水，为稳定自己情绪，接过水杯，拧了多次才打开杯盖，将水杯中的硫酸倒在自己的头上，致使其身体多部位被硫酸烧伤。

问：请分析杨某某的刑事责任？

【参考答案】杨某某的行为构成不作为的故意伤害罪。

客观上，杨某某携带硫酸的行为属于先行行为，为法益创设了危险，在张某某，拧了多次才打开杯盖的过程中，杨某某有义务阻止其打开，并告知真相，但是杨某某没有阻止行为，最终导致张某某遭受伤害；

主观上，杨某某对于张某某拧开瓶盖所可能引发严重危害后果，是明知而放任的，具备伤害的故意。

综上，杨某某应当以故意伤害罪论处。

【考点总结】**不作为犯罪的成立条件**

（1）有作为的义务；

义务人 的作为义务来自于 → 与加害方（危险源）的关系-监督义务

→ 与受害方（无助法益）的关系-保护义务

→ 对危险发生的地点（领域）的支配关系-阻止义务

（2）有作为可能性；

（3）没有实施按照其作为义务所应当实施的行为，从而导致侵害结果发生；

（4）结果回避可能性，只有当行为人履行作为义务可以避免结果发生时，该不作为的行为才可以成立不作为犯罪

（5）等价性，等价性的判断仅限于不纯正不作为犯，即不作为的行为与立法者预期的以作为方式完成的犯罪行为是否具有同等之恶。从实质意义上讲，"等价性"是不纯正不作为犯构成要件的解释原理，也是限制作为义务发生根据的指导原理。

第三节 结 果

【案例5】1998 年 9 月，被告人朱某与被害人刘某（女，殁年 31 岁）结婚。2007 年 11 月，二人协议离婚，但仍以夫妻名义共同生活。2006 年至 2011 年期间，朱某多次因感情问题以及家庭琐事对刘某进行殴打，致使刘某多次受伤。2011 年 7 月 11 日，朱某又因女儿教育问题和怀疑女儿非自己亲生等事项再次与刘某发生争执。朱某拿皮带对刘某进行殴打，致使刘某持匕首自杀。朱某随即将刘某送医院抢救。经鉴定，刘某体表多处挫伤，因被锐器刺中左胸部致心脏破裂大失血，抢救无效死亡。

问：如何评价朱某的行为？

【参考答案】朱某构成虐待罪，且属于虐待罪的结果加重犯。

被告人朱某经常性、持续性地采取殴打等手段损害家庭成员身心健康，致使被害人刘某不堪忍受身体上和精神上的摧残而自杀身亡，朱某的行为构成虐待罪。由于朱某长期、多次对刘某进行虐待，致使刘某无法忍受而自杀死亡，朱某的虐待行为与刘某的死亡结果之间具有刑法上的因果关系，因此属于虐待罪的结果加重犯。

【案例6】杨某某与妻子离婚后，独自照顾一子一女。2013 年 5 月听闻其子（杨某军）处了一个对象，女方家境贫困，杨某某希望其子断绝和女方往来，遭儿子拒绝。杨某某非常生气，便开始留意儿子的行动，后发现他还在和女友来往，就对儿子进行殴打。同时，杨某某找到女方，威胁她不要再和自己儿子来往。此后杨某某还多次因为此事殴打儿子，杨某军痛苦不堪，于是在 2013 年 6 月和女方一起投河自杀，两人均死亡。

问：杨某某暴力干涉儿子恋爱，导致两人自杀的行为，是否存在刑法上的因果关系？应当如何定性？

【参考答案】杨某某的行为构成暴力干涉婚姻自由罪的结果加重犯。

杨某某长期暴力干涉儿子婚事，致使儿子投河自杀，杨某某的行为与儿子的死亡结果之间具备刑法上的因果关系；但是对于女方的死亡，则不能认为是杨某某行为所致，没有刑法上的因果关系。

因此，杨某某对于儿子成立暴力干涉婚姻自由罪（致使被害人死亡），对女方不成立暴力干涉婚姻自由罪。最终以暴力干涉婚姻自由罪的结果加重犯论处。

【考点总结】结果加重犯

结果加重犯，即实施一个基本犯罪行为，又造成了加重结果，刑法规定加重其刑的情形。

1. 实施基本犯罪行为，又造成了加重结果，两者之间具有因果关系

①基本犯罪行为直接导致加重结果，加重结果无论从性质还是程度都重于基本犯罪所引起的基本结果。

②基本犯罪行为与加重结果之间具有直接因果关系；

③加重结果是基本行为的高度危险的直接现实化。如果具有高度危险的基本行为没有直接现实化为加重结果，即使产生所谓的"重结果"，也不能认定为结果加重犯。

2. **主观罪过**：基本结果可以是故意也可以是过失，加重结果通常是过失，也可以是故意。

3. 刑法就加重的结果，加重法定刑。结果加重犯的重要特征是法定性，必须由刑法明确规定对于加重结果加重其刑；刑法明确规定对加重结果直接加重其刑，结果加重犯就只能认定为一罪而不是数罪。

第四节　危害行为与危害结果之间的因果关系

【案例7】　毛某因王某有艾滋病而嫌弃，提出离婚。王某产生了报复毛某的想法，遂找到杜某某要求其去毛某家放火实施报复。二人经预谋踩点后于当晚携带放火工具到毛某家院墙外蹲守，见毛某家东屋居住的人已熄灯入睡后，王某在院墙外放风，杜某某携带放火工具进入院内，先断了毛某家的电源开关，将汽油泼洒在东、西屋窗台及外屋门上后，用木棍击碎有人居住的东屋玻璃窗，向屋内泼洒汽油。东屋内居住的毛某的父母被惊醒后，使用警用手电照明后开启电击功能击打出电火花，引发大火，导致毛某父母一死一重伤。

　　问：**毛某父母的死伤与王某、杜某某的行为是否具有刑法上的因果关系？说明理由。**

【参考答案】　毛某父母的死伤与王某、杜某某的行为具有刑法上的因果关系。

被害人开启警用手电电击功能的行为虽系偶然介入因素，但却是由被告人先前切断电源行为引起的通常行为。杜某某放火工具和助燃材料进入院内，切断电源，打碎窗户，在屋外屋内多处泼洒汽油，在这种情况下，被害人被惊醒后因无法开灯，不得不使用照明工具。虽然被害人使用"警用手电"这一情况具有一定的偶然性，但这种偶然性不足以否定被害人拿出手电照明以及使用电击功能作为阻吓入侵者行为的通常性。因此，被害人的介入行为不属于异常的介入因素，没有切断王某、杜某某的行为与危害结果之间的因果关系。

【案例8】　张某与王某（女）于2008年12月开始保持不正当两性关系。2009年4月30日晚，张某在东莞市某区溜冰场见王某与另几名男子玩，欲将王带走，但遭王拒绝，二人发生矛盾。后张某纠集甲、乙、丙、丁等四人帮忙将王某强行带走，反遭与王某在一起玩的几名男子殴打。当晚，张某等人密谋绑架王某。次日中午，王某打电话约张某见面，张某等人即将王某劫持控制在某出租屋内，并打电话给王某父母，让他们送钱赎人。后张某等人怕被发现，欲将王某转移。张某与甲乙丙三人挟持王某搭乘一辆出租车。当张某等人行至某酒店门前路段时，所乘出租车与一辆小汽车发生碰撞，张某等四人逃离，王某因钝性外力打击头部致严重颅脑损伤死亡。

　　问：**根据以上案情，请分析张某的绑架行为与王某的死亡结果之间是否具有因果关系。**

【参考答案】　本案中，张某等人在绑架被害人后，没有对被害人实施严重的暴力，由于第三人的原因发生了车祸，即介入第三方行为，致被绑架人死亡，这种异常介入因素中断了绑架行为与死亡结果之间刑法上的因果关系，因此张某等人仅对其绑架行为承担刑事责任，而无须对被害人死亡的结果承担刑事责任。

【考点小结】　**因果关系中的"条件说"**

"条件说"：没有A就没有B时，A就是B的原因。

很多情况下，特别是在存在介入因素的情况下，仅有条件关系不能肯定因果关系的存在，则需要根据条件说中因果关系中断的理论来作出判断。

（一）"因果关系中断"的意义：前行为人对于最终结果，将不承担刑事责任。

（二）引起因果关系中断的原因："介入因素"。

（三）"介入因素"中断因果关系的判断步骤。

第一步：分三小步

1. 介入因素的出现：正常？异常？

是不是由实行行为必然引起的？是不是通常伴随实行行为而发生？是则正常；不是则异常；

2. 介入因素对危害结果作用：大？小？

3. 前实行行为对于危害结果的作用：大？小？

第二步：整合上述结论

1. 介入因素是正常的 = 因果关系不中断；

2. 介入因素异常出现并且只有介入因素对危害结果的出现作用大 = 因果关系中断；

3. 介入因素异常出现，但是介入因素与前实行行为对于结果的发生都具有决定作用 = 因果关系不中断。

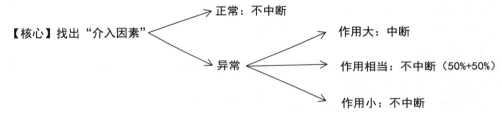

第二章　违法阻却事由

第一节　正当防卫

【案例9】 骆某之妻朱某，朱某因不堪忍受丈夫无耻的行为提起离婚诉讼并与骆某分居，朱某带儿子骆小雨（15周岁）和女儿骆某（11岁）与朱某山父母同住。骆某知错，但不同意离婚，为此经常到朱某山父母家吵闹。一日23时许，骆某驾车至朱某父母家，攀爬院子大门，欲强行进入，朱某山持铁叉阻拦后报警。骆某爬上院墙，在墙上用瓦片掷砸朱某山。朱某山躲到一边，并从屋内拿出宰羊刀防备。随后骆某跳入院内徒手与朱某山撕扯，朱某山刺中骆某胸部一刀。朱某山见骆某受伤把大门打开，民警随后到达。骆某因主动脉、右心房及肺脏被刺破致急性大失血死亡。

问： 朱某山的行为是否具有防卫性质？说明理由。若具有，防卫是否过当？若不具有，朱某山构成何罪？回答并说明理由。

【参考答案】 朱某山的行为具有防卫性质，属于防卫过当。

朱某山的行为具有防卫的正当性。骆某的行为从吵闹到侵入住宅、侵犯人身，呈现升级趋势，具有一定的危险性。执意在深夜时段实施侵害，不法行为具有一定的紧迫性。朱某山始终没有与骆某斗殴的故意，提前准备工具也是出于防卫的目的，因此其反击行为具有防卫性。

朱某山的行为属于防卫过当。骆某上门闹事的目的是不愿离婚，而不是报复。骆某虽实施了投掷瓦片、撕扯的行为，但整体仍在闹事的范围内，对朱某山人身权利的侵犯尚属轻微。朱某山已经报警，也有继续周旋的余地，但却选择使用刀具，最终造成了骆某伤重死亡的重大损害。综合来看，朱某山的防卫行为，在防卫措施的强度上不具有必要性，在防卫结果与所保护的权利对比上也相差悬殊，应当认定为明显超过必要限度造成重大损害，属于防卫过当。

【案例10】 侯某为某养生会所工作人员，一日22时许，某足浴店股东沈某因怀疑该养生会所老板举报其店内有人卖淫嫖娼，遂纠集本店员工雷某、柴某等4人持棒球棍、匕首赶至A养生会所。沈某与会所老板等人扭打，雷某、柴某等人随后持棒球棍、匕首冲入会所，殴打店内人员，其中雷某持匕首两次刺中侯某右大腿。其间，柴某所持棒球棍掉落，侯某捡起棒球棍挥打，击中雷某头部致其当场倒地。该会所员工报警，公安人员赶至现场，将沈某等人抓获。雷某经抢救无效，因严重颅脑损伤死亡。侯某的损伤程度构成轻微伤，该会所另有2人被打致轻微伤。

问： 侯某的防卫行为是否过当？说明理由。

【参考答案】 侯某的防卫行为没有过当。

本案中沈某、雷某等人持棒球棍、匕首冲入会所，殴打店内人员，并两次刺中侯某右大腿，属于刑法第二十条第三款规定的"其他严重危及人身安全的暴力犯罪"。

因此，在本案沈某、雷某等人的共同侵害行为，严重危及他人人身安全之时，侯某为保护自己和本店人员免受暴力侵害，而采取防卫行为，造成雷某死亡，依据刑法第二十条第三款的规定，不属于防卫过当，不负刑事责任。

【案例 11】最高人民法院指导案例第 144 号

周某强、陈某新各持砍刀一把，丛某、张某 2 分别绰起铁锹、铁锤进入张甲暂住处。张某 1（张甲兄长）见状将张某 2 拦在外屋，二人发生厮打。周某强、陈某新持刀砍向张甲后脑部，张甲随手在茶几上抓起一把尖刀捅刺了陈某新的胸部（后抢救无效死亡）。其间，丛某持铁锹击打张甲后脑处（轻微伤）。张甲将尖刀放回原处后，发现张某 2 仍在屋外与张某 1 相互厮打。为防止张某 1 被殴打，其到屋外，随手拿起门口处的铁锹将正挥舞砍刀的周某强打入鱼塘中，最终致周某强左尺骨近段粉碎性骨折（轻伤一级）。

问：张甲的行为该如何认定？

【参考答案】张甲的行为系正当防卫行为。本案中，张甲是在周某强、陈某新等人突然闯入其私人场所，实施严重不法侵害的情况下进行反击的。周某强、陈某新等四人均提前准备了作案工具，而张甲一方是并无任何思想准备的。周某强一方闯入屋内后径行对张甲实施拖拽，并在张甲转身向后挣脱时，使用所携带的凶器砸砍张甲后脑部。从侵害方人数、所持凶器、打击部位等情节看，该不法侵害已经达到严重危及其生命安全的程度，属于《刑法》第 20 条第 3 款规定的"行凶"。张甲为制止正在进行的不法侵害，顺手从身边抓起一把平时生活所用刀具捅刺不法侵害人，具有正当性，属于正当防卫。

根据《刑法》第 20 条第 3 款的规定，对正在进行行凶、杀人、抢劫、强奸、绑架以及其他严重危及人身安全的暴力犯罪，采取防卫行为，造成不法侵害人伤亡的，不属于防卫过当，不负刑事责任。本案中，张甲的行为虽然造成了一死一伤的后果，但是属于制止不法侵害的正当防卫行为，依法不负刑事责任。

【案例 12】《刑事审判参考》指导案例第 133 号

被告人苏某与被害人张甲二人因为相恋同一女友而发生矛盾。1998 年 7 月 11 日晚，张甲纠集尤忠伟、张乙等人前往苏某居住的宿舍"找点麻烦"。在宿舍门口，双方发生争执，尤忠伟见状冲上前踢了苏某一脚，欲在进行攻击时，被张甲拦住了，言明事情没搞清楚先不要动手。随后，苏某返回宿舍向同学要了一把折叠水果刀，并张开刀刃插在后裤袋中。之后苏张二人在宿舍门口再次发生冲突。张甲威胁："真的要打架吗？"苏即言："打就打！"随后二人互殴。张乙见其兄与苏对打，随即上前帮助其兄。苏抵挡不过，即拔出张开刀刃的水果刀朝冲在最前面的被害人张乙猛刺一刀，致其倒地。后被送往医院抢救无效死亡。

问：苏某的行为应当如何认定？

【参考答案】苏某的行为不具有正当防卫的性质，成立故意伤害罪。

在相互斗殴中，双方都是出于主动的，双方都有侵害对方的故意，双方的行为都是不法侵害行为，因此，双方的行为都不属于正当防卫的范畴。

在本案中，苏某在争执结束之后返回宿舍携带一把折叠水果刀，且张开刀刃，此时已经说明苏某主观上已经产生殴斗的故意。在张甲的言语挑衅下，苏某声言"打就打"，并在斗殴中持刀刺死帮助其兄斗殴的被害人。苏某在客观上，具有对对方进行不法侵害的行为；是主观上亦具有不法侵害的故意。因此，苏某的行为不具有防卫性质，应以故意伤害罪定罪判刑。

【考点小结】正当防卫

一、正当防卫的成立条件

1. 防卫起因，现实存在的不法侵害；

2. 防卫时间，不法侵害已经开始，尚未结束；

3. 防卫对象，只能针对正在进行不法侵害的实行犯或者具有防止结果发生义务的人进行

防卫;

4. 防卫意图，包括防卫认识，即认识到不法侵害正在进行；和防卫意志，即为了保护合法利益而进行防卫。成立正当防卫是否需要防卫认识与防卫意志同时具备？理论上有不同观点。

	防卫认识	防卫意志	结论	
观点1	不需要	不需要	偶然防卫	可以成立正当防卫
观点2	需要	不需要	认识到有不法侵害，但是因为义愤、报复防卫而实施的防卫行为	
观点3	需要	需要	【传统刑法理论】（高标准）	

5. 防卫限度，正当防卫不能明显超过必要限度且造成重大损害的，否则就是防卫过当，应当负刑事责任，但是应当减轻或者免除处罚。

二、防卫过当的公式 = 防卫行为超过必要限度 + 防卫结果造成重大损害。（同时具备）

三、特殊防卫

根据《刑法》第20条第3款的规定，对正在进行行凶、杀人、抢劫、强奸、绑架以及其他严重危及人身安全的暴力犯罪，采取防卫行为，造成不法侵害人伤亡的，不属于防卫过当，不负刑事责任。

【做题思路】是否存在不法侵害（作为？不作为？）

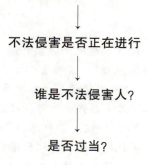

不法侵害是否正在进行

↓

谁是不法侵害人？

↓

是否过当？

第二节 紧急避险

【案例13】《刑事审判参考》指导案例第295号

位于江北区五宝镇段长江红花碛水域的"红花碛2号"航标船，标示出该处的水下深度和暗碛的概貌及船只航行的侧面界限，系国家交通部门为保障过往船只的航行安全而设置的交通设施。2003年7月28日16时许，被告人王甲驾驶机动渔船至该航标船附近时，见本村渔民王乙等人从渔船上撒网致使"网爬子"（浮于水面的网上浮标）挂住了固定该航标船的钢缆绳，即驾船前往帮助摘取。当王甲驾驶的渔船靠近航标船时，其渔船的螺旋桨被该航标船的钢缆绳缠住，致使王甲的渔船面临沉船危险。王甲为使渔船及本人摆脱困境，持刀砍钢缆绳未果，又登上该航标船将钢缆绳解开后驾船驶离现场，致使脱离钢缆绳的"红花碛2号"航标船顺江漂流至下游两公里的锦滩回水沱，有造成其他过往船舶在通过该流域时发生倾覆、触礁等危及人身及财产损害的危险。17时许，重庆航道局木洞航标站接到群众报案后，巡查到漂流的航标船，并于当日 18 时许将航标船复位，造成直接经济损失人民币 155550 元。同年 8 月 19 日，公安机关将王甲抓获归案。

问 1：被告人王甲解开航标船钢缆绳的行为是否属于紧急避险？

【参考答案】被告人王甲解开航标船钢缆绳的行为属于紧急避险行为。

王甲为了保护渔船上的人的人身安全及渔船，不得已解开钢缆绳致使航标船漂流。虽然航标船流失会造成其他过往船舶在通过该流域时发生倾覆、触礁等危及人身及财产损害的危险，且可能发生的损害的权益要大于王甲所保护的权益，但这种损害的权益是期待权益，不是现实权益，而且事实上从航标船流失至复位期间，未发生其他船只通行发生倾覆、触礁等严重后果，因此王甲的避险行为没有超过必要限度，属于紧急避险。

问 2：被告人王甲不履行因紧急避险行为所引起的作为义务是否构成不作为犯罪？

【参考答案】王甲不履行因紧急避险行为所引起的作为义务，系不作为，可构成破坏交通设施罪。

被告人王甲解开航标船钢缆绳的行为是先行行为，该先行行为在消除其自身危险的同时又造成了对交通安全设施的破坏，从而使其他船舶航行处于危险状态，此时该先行行为就引起了被告人王甲在其正当权益得以保全的情况下，负有采取积极救济措施消除危险状态的作为义务。王甲未采取措施，引发其他过往船舶在通过该流域时发生倾覆、触礁等危及人身及财产损害的危险，成立不作为的破坏交通设施罪。

第三章 犯罪的主观要件【有责】

第一节 犯罪故意

【案例 14】严某（大学生）从表兄处借得一支五四式手枪和子弹 70 发。某星期天，严与同学到山上及学校楼顶等处打着玩，共发射子弹 60 余发。次日中午 1 时许，严持枪回到二楼宿舍。宿舍另有张某躺在床上看书。严用枪对准张某比划，张某将其枪口推开，继续看书。严玩得高兴，忘乎所以。他走到窗前，向外眺望，发现同学段某（与严无矛盾）正从操场回宿舍楼。严先扣动保险机头，瞄准段开了一空枪。当段即将进入楼门时（与严窗户相距 8 米），严便拉动枪栓，推弹入膛，瞄准段某头部射击，一声枪响，段某颅骨被击碎。枪响之后，严喊了一声："坏了，打着人了。"严冲到楼下，但看到段难以生还便逃走。

问：严某的主观罪过形式是什么？

【参考答案】"严便拉动枪栓，推弹入膛，瞄准段某头部射击"这些动作都说明严某对于自己的行为会引起段某死亡的结果不是没有预见，也不存在已经预见但是轻信可以避免的问题，因为严某并没有为避免结果发生做任何努力，当然也不存在可以避免结果发生的客观条件，因此主观上不仅有过失，而且存在犯罪故意。

既然严某对于死亡结果是有预见的，就需要考察其对这一结果的心理态度，究竟是希望还是放任。首先，段某与严某并无矛盾，说明严某并不是"真的希望"段某死亡；其次，"当段即将进入楼门时（与严窗户相距 8 米），严便拉动枪栓，推弹入膛，瞄准段某头部射击，" 8 米的距离并不是 100% 必然射中并致人死亡，因此也不能说严某对于段某的死亡是"推定希望"；最后，实际上严某对于段某死亡结果是放任，是一种在玩得忘乎所以的状态下的一种不计后果的行为。因此属于间接故意。

【考点总结】**犯罪故意的两种类型**

1. 直接故意是指明知自己的行为必然或可能发生危害结果，而希望该结果发生的罪过形态。

【公式】直接故意 = 明知会（必然或可能）发生 + 希望（真的希望、推定希望）

2. 间接故意是指明知自己的行为可能发生危害结果，而放任该结果发生的罪过形态。所谓"放任"，就是听之任之，对于结果发生抑或不发生都表示接受的态度。

【公式】间接故意 = 明知可能 + 放任

注意：如果在认识因素中是明知必然发生，则意志因素直接推定为"希望"发生，而不可能是"放任"发生，因为只有当发生与否具有或然性、可能性时，才谈得上"放任"。

第二节　犯罪过失

【案例15】季某后来到某装饰公司做油漆工。一日在锅炉房，因打开水与汪某发生争执，继而相互推搡扭打。在推搡扭打过程中，季某用放于锅炉房边上装有香蕉水的密封油漆桶（该锅炉房为烧锅炉点火方便，用香蕉水引火）砸向汪某，香蕉水溢出，瞬间起火燃烧，致使汪某因高温热作用致休克而死亡。

问：根据案情判断季某的行为成立何罪？

【参考答案】本案被害人最终由于香蕉水燃烧导致死亡，季某应当成立过失致人死亡罪。

首先，香蕉水具有较强的挥发性，易燃。季某在扔出该桶时，桶的盖子是密封的，季某明知该桶内有香蕉水，也并没有将桶盖掀开，直接用香蕉水泼洒被害人，因此，对香蕉水烧伤被害人的后果没有持希望的态度；其次，季某对烧伤的后果也不能认定为放任。季某虽明知桶内是香蕉水，但当时桶盖密封，扔出去导致桶内液体流出的可能性很低，季某抄起该桶即向被害人扔去，认定其具有用该桶本身伤害被害人的故意；如果油漆桶确实砸伤被害人，则季某对此承担故意责任，如果超出该范围，被告人不具有故意，只能认定为过失。最后，季某明知密封桶内有香蕉水，应当预见到用该桶殴打他人，有可能导致桶内香蕉水溢出，而在锅炉房这一特定的高温环境下会发生燃烧的后果，因为疏忽大意没有预见，属于疏忽大意的过失，成立过失致人死亡罪。

【提示】在判断是疏忽大意的过失还是间接故意时，一定要把握一个原则，即应当预见≠已经预见。季某身为油漆工，且明知桶内装有香蕉水，肯定知道香蕉水是易燃物品，极易挥发，行为当时也应预见的一旦香蕉水泄露，将会造成大量的油气挥发，遇到高温或者火种，即可着火燃烧，但是在从案情来看，季某在行为当时并没有预见到汽油桶会破裂进而发生如此严重的后果，应当预见是前提，没有预见是事实，不是一切"应当预见"都会转化为"已经预见"，"应当预见"和"已经预见"之间就隔着一个"疏忽大意"的距离，正是因为疏忽大意而导致没有预见，这也是刑法对其进行苛责和非难的原因。

【考点总结】犯罪过失的两种类型

1. 疏忽大意的过失，应当预见自己的行为可能发生危害社会的结果，因为疏忽大意而没有预见，以致发生了危害社会的结果；

2. 过于自信的过失，已经预见自己的行为会发生危害结果，轻信能够避免，进而发生了危害社会的结果。

第三节　故意、过失小结

【案例16】元宝在其承包的石坑里爆破采石。因飞石落到甲家的责任田里，双方争吵起来。甲说："如果你再放炮，我就坐在炮口上，看你敢不敢点。"元宝说："你敢坐，我就敢点。"甲说："我不敢坐就是大姑娘养的。"元宝说："我不敢点就是大姑娘养的。"于是元宝将约2公斤的炸药包扔在地上说："有胆你就坐。"甲过去坐在炸药包旁边。元宝拿起一根约60厘米长的导火索，用剪刀剪去约20厘米，当着甲的面接上雷管插入炸药包内，点燃导火索后，元宝朝甲喊了声："点着了，快跑！"随即跑离了现场。此时，甲向外挪动了一下身体，尚未起身，炸药包便爆炸了，甲被当场炸死。

请简要分析元宝的主观心理状态。

【参考答案】首先，元宝懂得爆破知识与技术，但在甲坐在炸药包旁的情况下，将导火索截至40厘米，并亲手点燃炸药包，可谓明知结果发生的高度危险。

其次，元宝看似是"赌气"。但是，通过其点着导火索后自己随即跑离了现场的行为，可看出行为人对自身的行为所导致对自身和他人的危险有准确的评估。

最后，元宝仅喊了一声"快跑"，既没有去拉被害人，也没有采取其他有效措施，不能认为其采取了真挚的防范措施，不能认定其具有反对结果发生的意思。

综上，元宝属于明知自己的行为会发生危害结果，而放任结果发生的主观心理状态，构成（间接）故意杀人罪。

第四节　事实认识错误

【案例17】庄某企图杀害自己的儿子庄某某，于是花钱雇请正犯实施杀害行为。为了不误伤他人，庄某向正犯讲述了庄某某的习惯与相貌，并将庄某某的照片交给正犯；正犯事先也见过庄某某（但是并没有完全记住庄某某的长相）。某晚，正犯潜伏在马厩中（庄某某习惯于穿过马厩回家），伺机杀害庄某某。当时四周非常黑暗，大约19点的时候，身材与庄某某很相似的邻居李某进入了院子并且打开了马厩的门。正犯误将李某认为是庄某某，从而在近距离枪杀了李某。

问：根据"具体符合说"和"法定符合说"分别分析庄某和正犯的刑事责任。

【参考答案】本案中正犯主观上发生了误判，因此是对象错误；正犯可以认为是庄某打击的方法或者工具，正犯的任何认识错误，对庄某而言都属于打击偏离方向，因此是打击错误。

按照"具体符合说"，正犯属于故意杀人既遂；庄某对于庄某某成立故意杀人未遂，对于李某成立过失致人死亡；

按照"法定符合说"，只关注法益的性质，不关注法益主体的差异，正犯与庄某都成立故意杀人罪既遂。

【案例18】赵某将钱某约至某大桥西侧泵房后，二人发生争执。赵某顿生杀意，突然勒钱某的颈部、捂钱某的口鼻，致钱某昏迷。赵某以为钱某已死亡，便将钱某"尸体"缚重扔入河中，后经鉴定，钱某系溺水死亡。

赵某致钱某死亡的事实，在刑法理论上称为什么？刑法理论对这种情况有哪几种处理意见？你认为应当如何处理？为什么？

【参考答案】赵某致钱某死亡的行为，在刑法理论上称为事前的故意。刑法理论对这种情况有以下处理意见：

观点1：第一行为即勒颈部、捂口鼻的行为成立故意杀人未遂，第二行为即将钱某"尸体"缚重扔入河中的行为成立过失致人死亡罪；

观点2：将两个行为视为一个行为，将支配行为的故意视为概括的故意，认定为一个故意杀人既遂；

观点3：将第二个行为作为介入因素，用因果关系中断的理论来分析。赵某第二个行为是杀人之后毁灭证据的行为，该行为是正常的，因果关系不中断，死亡结果应当归属于赵某的杀人行为，赵某成立故意杀人既遂。

第三种处理意见最为合理。用因果关系中断的理论分析本案，既坚持了论证过程的科学性，又保证了结论的合理性。

【案例 19】高某意图杀死钱某，趁其不备掐住钱某脖子，待钱某不能挣扎后（实际上已经死亡），高某误以为钱某已昏迷，准备给钱某身上绑上石块将其扔入湖中溺死，高某在钱某身上绑石块时，发现钱某已死亡。为了湮灭证据，高某将钱某尸体扔入湖中。

请根据《刑法》相关规定与刑法原理分析高某的刑事责任（可以同时答出不同观点和理由）

【参考答案】高某致钱某死亡，在刑法理论上称为结果的提前实现，刑法理论对这种情况有以下处理意见：

观点 1：虽然构成要件结果提前发生，但掐脖子本身有致人死亡的紧迫危险，能够认定掐脖子时就已经实施杀人行为，故意存在于着手实行时即可，故高某应对钱某的死亡承担故意杀人既遂的刑事责任。

观点 2：高某掐钱某的脖子时只是想致钱某昏迷，没有认识到掐脖子的行为会导致钱某死亡，亦即缺乏既遂的故意，因而不能对故意杀人既遂负责，只能认定高某的行为是故意杀人未遂与过失致人死亡的想象竞合。

【总结】事实认识错误的判断路径

```
                         ┌ 对象错误（身份识别错误）：故意犯罪既遂
                         │                           ┌ "具体符合说"
                         │ 打击错误（打击方向偏离）  ┤
                         │                           └ "法定符合说"
          具体事实认识错误┤                ┌ 狭义的因果关系认识错误：故意犯罪既遂
          （同一构成要件内）│ 因果关系错误 ┤ 结果的推迟：三个观点
                         │                │              ┌ 已着手：两个观点
                         │                └ 结果的提前  ┤
                         │                               └ 未着手：一个观点
                         │                    ┌ 客观：A＋B 罪的行为满足 A 罪行为
          抽象事实认识错误 ┤ 主客观有重合部分┤
          （跨域不同构成要件）│ （包容评价）  └ 主观：A＋B 罪的故意满足 A 罪故意
                         └ 主客观没有重合部分：各自评价（成立哪个算哪个，都不成立
                           则无罪）
```

第四章 责任阻却事由

第一节 责任能力

【案例20】2010年9月29日12时40分许，王某（15岁）窜至乐山城区"莱佛士地景"18幢2单元17楼时，发现该处住户戴某家房门虚掩，遂潜入该住户房内盗得项链两根、项链坠一个，后被戴某发现并将其挡在户内。王某为达到逃离现场的目的，当场将戴某头部、手部咬伤后挣脱逃出房间至该小区正门入口时，被该小区保安人员挡获。小区保安人员从其鞋内搜出项链两根、项链坠一个。公安人员接到报警后赶到现场将王某抓获归案。经鉴定，王某窃得的项链两根、项链坠一个共价值2728元。案发后，该物品已发还被害人。

《刑法》第269条规定："犯盗窃、诈骗、抢夺罪，为窝藏赃物、抗拒抓捕或者毁灭罪证而当场使用暴力或者以暴力相威胁的，依照本法第二百六十三条的规定定罪处罚。"试分析本案中的王某能否适用该规定，以抢劫罪追究刑事责任。

【参考答案】根据最高人民法院《关于审理未成年人刑事案件具体应用法律若干问题的解释》第十条第一款规定："已满十四周岁不满十六周岁的人盗窃、诈骗、抢夺他人财物，为窝藏赃物、抗拒抓捕或者毁灭罪证，当场使用暴力，故意伤害致人重伤或者死亡，或者故意杀人的，应当分别以故意伤害罪或者故意杀人罪定罪处罚。"

本案中，王某年满14周岁而不满16周岁，不能对盗窃罪承担责任，不能转化为抢劫罪，又因为王某并未造成戴某重伤以上后果，因此不构成故意伤害罪。王某最终应认定为无罪。

注：王某可以构成抢劫罪。最高人民检察院法律政策研究室2003年4月18日《关于相对刑事责任年龄的人承担刑事责任范围有关问题的答复》指出："相对刑事责任年龄的人实施了刑法第二百六十九条规定的行为的，应当依照刑法第二百六十三条的规定，以抢劫罪追究刑事责任。但对情节显著轻微，危害不大的，可根据刑法第十三条的规定，不予追究刑事责任。"（参见张明楷：《刑法学》，第6版，第1279页以下）

第二节 违法性认识（可能性）的欠缺

【案例21】山口典之是日本人，男，今年23岁，于2014年2月16日乘坐悬挂有中华人民共和国国旗的"清华号"客轮来中国旅游。当客轮在公海上航行的时候，其与同船的日本女子苍井野结衣（13周岁）感情火速升温并在山口的房间里发生了性关系。根据日本刑法，与已满13周岁的女性自愿发生性关系的，不构成强奸罪。

问1：对于山口典之的行为，中国有没有管辖权？

【参考答案】根据我国刑法第6条第2款，凡在中华人民共和国船舶或航空器内犯罪的，也适用本法。因此本案适用我国刑法。

问2：根据中国刑法，山口典之的行为是否构成犯罪？

【参考答案】在本案中，山口典之的行为确实违反中国刑法，构成强奸罪（奸淫幼女型），但是山口典之并不知道自己的行为违反中国刑法，即欠缺违法性认识，同时山口典之作为日本人，也不应当认识到自己的行为违反中国刑法，即欠缺违法性认识可能性，因而阻却责任，山口典之无罪。

注：根据《刑法》第99条的规定，以下包括本数。

日本刑法第177条规定："对已满13周岁者，采取暴力或者胁迫手段，实施性交、肛性或者口交（以下简称'性交等'）的，是强制性交等罪，处5年以上有期惩役。对未满13周岁者，实施性交等行为的，亦同。"在平成29年（2017年）刑法部分修正之前，第177条的规定是，"以暴力或者胁迫手段奸淫13岁以上女子的，是强奸罪，处3年以上有期惩役。奸淫未满13岁的女子的，亦同。"〔参见〔日〕西田典之著、桥爪隆补订：《日本刑法各论》（第7版），王昭武、刘明祥译，法律出版社2020年版，第107页〕

第五章　故意犯罪的未完成形态

第一节　犯罪预备

【案例22】甲在 ATM 取款机上发现一张卡，便插入取款机，试着输入密码"123456"，密码正确，便查询卡里有多少钱，意图提取他人卡中的钱，不料此时卡的主人返回，将甲抓获。

问：甲属于故意犯罪的何种停止形态？

【答案与解析】甲查询余额属于为取款制造条件的行为，被害人的财物还没有丧失占有的紧迫风险，只有当甲按下取款的按钮时，法益才面临紧迫危险，才是信用卡诈骗罪的着手，因此，本案甲属于着手之前因为意志以外的原因被迫停止，属于犯罪预备。

【案例23】某日，甲乙预谋到偏僻地段对单身女性行人实施抢劫。当晚，两人提出如果遇到漂亮女性，就先抢劫后强奸，并用抓阄的方式确定甲先实施强奸行为。两人商定：发现作案目标后，由乙持一把尖刀将被害人逼至路边，甲用皮带将其捆绑后实施抢劫。当晚，两人寻找作案目标未果。次日，两人在某镇寻找抢劫目标时遇公安巡逻，被抓。

问：甲、乙意欲对单身女性实施抢劫并强奸的行为是否构成犯罪？如果构成，属于何种犯罪形态？应当如何处理？

【参考答案】甲、乙的行为构成抢劫罪的犯罪预备，但不成立强奸罪的犯罪预备；强奸罪仅是一种犯意表示，没有侵犯法益，不构成犯罪。

在本案中，两人准备了犯罪工具，在伺机作案时提出如果遇到漂亮女性，就先抢劫后强奸，但是，两人一系列准备工具、寻找作案目标等行为，对实施抢劫犯罪来说是确定的，而对是否实施强奸犯罪则是附条件的，即当抢劫对象是漂亮女性才启动强奸行为，该条件是否能成就，具有一定偶然性，因此两人的行为只是对抢劫罪的法益有威胁，但对强奸罪的法益没有威胁，强奸罪仅是一种犯意表示，没有侵犯法益，不构成犯罪。

第二节　犯罪未遂

【案例24】2018 年 3 月至 5 月期间，林某纠集刘某、孙某、张某和季某组织他人出卖活体肾脏。刘某、孙某主要利用互联网发布收购肾源广告以招揽"供体"（指自愿出卖自己器官的人）；张某主要负责收取供体的手机和身份证、管理供体、为供体提供食宿、安排供体体检及抽取配型血样等；季某主要负责联系将肾脏卖出。后由于走漏风声，林某一伙被警察一锅端。据了解，有甲、乙两位尚在配型阶段的"供体"因害怕警方追查而逃离"手术室"，不知去向。

问：林某等人组织出卖人体器官的行为属于犯罪既遂还是未遂？

【参考答案】组织出卖人体器官罪属于行为犯，行为犯不以犯罪结果发生作为既遂认定的要件。林某等人的行为属于犯罪既遂。

组织出卖人体器官罪所侵犯的法益，既包括公民的人身权利，也包括国家医疗秩序。只要行为人基于出卖人体器官的目的，实施了指挥、策划、招揽、控制自愿出卖自身器官的人的行为，即使出卖者未被实际摘取器官，国家器官移植医疗管理秩序已经受到严重侵害，即组织行为即构成既遂。

注：由于刑法将本罪规定为侵犯他人身体健康的犯罪，所以，只要对被摘取人体器官的出卖者的身体达到了伤害程度，就成立本罪的既遂。（参见张明楷：《刑法学》，第6版，第1128页）

【案例25】《刑事审判参考》指导案例第441号

2005年8月7日10时许，被告人谷贵成在北京市丰台区丽泽桥东方家园建材城停车场内，用随身携带的改锥撬开车锁，盗窃被害人尹楠格雷牌自行车1辆（经鉴定该车价值人民币80元），在被保安员潘文浩发现后，为抗拒抓捕，用改锥将保安员颈部划伤，经法医鉴定为轻微伤。

问：如何评价谷贵成的行为？

【参考答案】 谷贵成的行为成立抢劫罪未遂。

本案中，谷贵成在盗窃过程中，为抗拒抓捕而当场使用暴力，致人轻微伤，应当转化为抢劫罪。但是根据2005年6月8日最高人民法院《关于审理抢劫、抢夺刑事案件适用法律若干问题的意见》，具备劫取财物或者造成他人轻伤以上后果两者之一的，属于抢劫既遂。而谷某既未取得财物，也没有造成轻伤以上后果，应认定为抢劫未遂。

注：抢劫罪属于侵犯财产罪，理应以行为人取得（控制）被害人财物为既遂标准；造成轻伤但未取得财物的，依然属于抢劫未遂。抢劫致人重伤、死亡但未取得财物的，属于结果加重犯的既遂，但基本犯仍然未遂（未遂的结果加重犯）。（参见张明楷：《刑法学》，第6版，第1286页以下）

【案例26】 张某普与刘某有仇，决定杀死刘某泄愤。张某普携带含有致命毒剂的弓弩，找到刘某家，朝正在洗菜的"刘某"瞄准。正欲射杀时，张某普发现被瞄准的并非"刘某"，而是刘某的姐姐丙。张某普于是放弃，在离开过程中，被巡逻警察抓获归案。

问：请分析张某普的刑事责任？

【参考答案】 张某普的行为成立故意杀人罪未遂，可以比照既遂犯从轻或者减轻处罚。

张某普将含有毒剂的弓弩瞄准他人，已经着手实施了犯罪，但是发现所瞄准的对象并非所欲杀之人，这是一种意志以外的原因，任何一个理性的犯罪人在此情况下都不会继续，因此张某普的行为成立故意杀人罪未遂，可以比照既遂犯从轻或者减轻处罚。

第三节　犯罪中止

【案例27】 2010年11月27日下午，被告人张某将被害人黄某骗至某市人民路一房间后，将黄某推倒在床，欲与其发生性关系。黄某不从，试图打电话求救，被张某制止，手机被损坏。二人扭打在地上，张某压在黄某身上，手抵住其脖子，黄某遂以咬舌自尽相威胁。张某见黄某如"死鱼"般躺着，失去继续进行下去的兴趣，便松开手站起身。紧接着黄某谎称愿意和张某交朋友并发生性关系，但要求他先修好自己的手机。张某信以为真，替黄某穿回外套。随即二人上街购买了新手机，后黄某以有急事为由离开。

请判断张某犯罪行为的停止形态。

【参考答案】本案中造成张某停止其强奸行为的关键因素，是黄某如"死鱼"般躺着而致张某失去继续强行发生性关系的兴趣。失去强奸兴趣并非意味着失去强奸能力，客观上继续实施强奸行为并没有面对重大障碍，强奸行为在客观上完全可以继续进行，失去强奸兴趣与行为人主观意愿相联系，属于意志以内的原因，成立强奸罪的犯罪中止。

【案例28】某日晚10时许，张某普见一人骑自行车过来，顿生歹意，猛扑上前，将骑车人刘某（女）从自行车上强行拽下，按翻在地，欲行强奸。不料刘某居然是其多年未见的中学校友，刘某认出张某普后，说"我认识你，你要敢，我就报案"，张某普闻言遂起身逃走，强奸未成。

张某普意图强奸刘某的行为是否构成犯罪？如果构成，属于何种犯罪形态？应当如何处理？

【参考答案】张某普的行为成立强奸罪中止，由于没有造成损害结果，应当免除处罚。

在本案中，被害人是张某普多年未见的中学校友，关系并不密切，行为人完全可以将强奸行为进行下去，甚至还可以当场杀人灭口，因此张某普是自动放弃犯罪，属于实行阶段的犯罪中止；由于没有造成损害结果，应当免除处罚。

【案例29】次日凌晨3时许，张某普路过陈某（女）住处，见陈某独自在房内睡觉，遂产生强奸念头。张某普从窗户进入室内，从室内拿了一根绳子将陈某捆绑实施了奸淫。后张某普因害怕陈某报警，便用手掐其颈部，意图灭口，因发现陈某痛苦不堪，心生恐惧，不忍心下手，遂解开被害人手脚上的绳子，逃离现场（对被害人勒颈的行为造成了被害人颈部勒痕等轻微伤）。

张某普对陈某的侵害行为构成哪些犯罪？属于何种犯罪形态？应当如何处理？

【参考答案】张某普对陈某的侵害行为构成强奸罪和故意杀人罪。其中，强奸罪属于犯罪既遂，故意杀人罪属于犯罪中止。

张某普实施杀人行为时，发现陈某痛苦不堪，心生恐惧，不忍心下手，是在犯罪可以继续进行的前提下，自动放弃犯罪，成立犯罪中止，造成被害人轻微伤，因不属于刑法意义上的损害，应当免除处罚。

【考点小结】故意犯罪的未完成形态

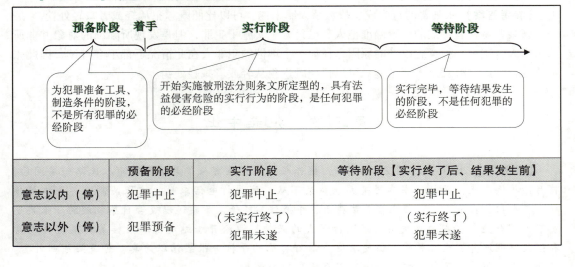

	预备阶段	实行阶段	等待阶段【实行终了后、结果发生前】
意志以内（停）	犯罪中止	犯罪中止	犯罪中止
意志以外（停）	犯罪预备	（未实行终了） 犯罪未遂	（实行终了） 犯罪未遂

续表

	预备阶段	实行阶段	等待阶段【实行终了后、结果发生前】
没有停	进入实行阶段	实行终了犯罪既遂或进入等待阶段	犯罪既遂

对于**未完成形态**的判断，应当分两步走：
1. 停在哪个阶段？
2. 为什么停？

第六章　共同犯罪

第一节　共同犯罪人的刑事责任（法定分类）

【案例30】2008年2月某日晚，犯罪嫌疑人王甲在KTV唱歌时醉酒并与他人发生纠纷，随即给其儿子王乙打电话，称自己被打了，要求王乙过来帮忙。当时王乙与其弟王丙及朋友李某、张某在一起，王丙便提出过去看看并取来四把镰刀，随即，上述四人赶到KTV，王乙持镰刀上前质问与王甲发生纠纷之人，被围观群众劝离，王乙等四人遂乘出租车在附近观望。王甲的朋友齐甲途经此地，发现争吵后过去劝解，不料亦和王甲发生争吵厮打，王甲被齐甲按倒在地。此时，齐甲的哥哥齐乙正好赶到。王乙见状，遂伙同王丙、李某等人使用镰刀对齐乙进行劈砍，造成齐乙颈部、背部等多处受伤而死亡。

问：如何评价王甲在本案中的分工和作用。

【参考答案】首先，王甲属于教唆犯。在本案中，王甲因与他人发生纠纷，于是打电话给其子王乙，称其被打并要求王乙过来帮忙，从而反映其主观上具有唆使王乙伤害他人的故意，并使本无犯罪故意的王乙产生伤害他人的犯意。故王甲打电话要求王乙帮忙的行为已经符合了教唆犯的特征。

其次，王甲属于主犯。客观上，王甲的教唆，与被害人受伤致死之间具有因果关系；主观上，王甲具有伤害对方的主观故意，未明确伤害方式、伤害程度，说明王乙如何实施伤害及造成何种伤害结果均在其意志范围之内，因此，在王甲概然性教唆之下，王乙等人实施伤害行为致人死亡的结果并非实行过限，而仍属于王甲主观故意范围之内，其应共同承担故意伤害致人死亡的刑事责任。

【案例31】《刑事审判参考》指导案例第388号

被告人于某因与丈夫阚某关系不睦．2000年外出济南打工，并与被告人戴某相识，后二人非法同居。其间，二人商定结婚事宜。于某因离婚不成，便产生使用安眠药杀害丈夫的念头，并将此告知了戴某。2001年8月，于某因母亲有病，同戴某一起回到成武县田集家中。8月13日上午，于某与其10岁的儿子及戴某在田集药店买安眠药未果。下午，三人回到家中，于某又到秦淮药店买到6片安眠药后回家乘其丈夫外出买酒之际将安眠药碾碎，并告诉戴某要乘机害死其丈夫阚某。当晚，于某与丈夫阚某及其儿子和戴某一起喝酒、吃饭，待阚某酒醉后，于某乘机将碾碎的安眠药冲兑在水杯中让阚某喝下。因阚某呕吐，于某怕药物起不到作用，就指使戴某将她的儿子带出屋外。于某用毛巾紧勒酒醉后躺在床上的丈夫的脖子，用双手掐其脖子，致其机械性窒息死亡。戴某见阚某死亡后，将于某勒丈夫用的毛巾带离现场后扔掉。次日凌晨，二被告人被抓获归案。

请分析于某、戴某的刑事责任。

【参考答案】于某、戴某构成故意杀人罪的共同犯罪。

于某基于杀人的故意，实施杀害丈夫阚某的行为，成立故意杀人罪。戴某在明知于某要杀死其丈夫的情况下，不但不予阻止，而且一起陪同前往药店购买安眠药，在实施阶段，又听从于某的指使，将其儿子带离现场，以免孩子哭闹阻挠或者惊吓孩子，也消除了孩子作为于某杀死其丈夫的目击证人的可能性。为于某故意杀人提供帮助，二人构成故意杀人罪的共同犯罪。其中，于某是实行犯，主犯；戴某是帮助犯，从犯，应当从轻、减轻或者免除处罚。

【案例 32】《刑事审判参考》指导案例第 395 号

被告人滕某与被害人王某系公媳关系。2001 年 8 月 18 日，被告人滕某、董某晚饭后乘凉时，滕某告诉董某，儿媳王某同他人有不正当两性关系，而自己多次想与她发生性关系均遭拒绝，但是"只要是外人，都肯发生性关系"，并唆使董某与王某发生性关系。董某遂答应去试试看。滕某又讲自己到时去逮个"息脚兔"（即"捉奸"），迫使王某同意与自己发生性关系。当日晚 9 时许，董某在王某房间内与其发生性关系后，滕某随即持充电灯赶至现场"捉奸"，以发现王某与他人有奸情为由，以将王某拖回娘家相威胁，并采用殴打等手段，强行对被害人实施奸淫。因生理原因，滕某的强奸行为未能得逞。

请分析董某、滕某的刑事责任。

【参考答案】 董某、滕某的行为构成强奸罪共同犯罪。

首先，两人共谋的内容是董某与王某发生性关系后，滕立即现场捉奸，然后迫使王某同意与其发生性关系，董的先期通奸行为与滕的后期强迫王某就范发生性关系，均在二被告人的事前共同预谋范围之内，滕的强奸行为并没有超出二人事前的共同预谋。

其次，滕某由于自身原因，强奸行为未能得逞，属于强奸罪的未遂。

最后，滕某、董某在共同预谋的支配下，相互配合、相互联系，形成一个统一的犯罪活动整体，滕是强奸行为的实行犯，主犯；董是帮助犯、从犯，应当从轻、减轻或者免除处罚。

第二节　共同犯罪人的特殊类型

【案例 33】《刑事审判参考》指导案例第 633 号

被告人焦甲、焦乙系同胞兄弟，二人共同经营管理并不属其所有的"小岭洞"山场。焦乙一直想谋取被害人唐某的房产，遂想了一计。2008 年春节之后，焦乙多次哄骗焦甲，称有人要买"小岭洞"山场，<u>焦甲表示"谁来买山场就干掉谁"</u>，焦乙表示默认。2008 年 4 月 9日，焦乙再次对焦甲提及有人要来买山场，焦甲让焦乙将要买山场的人带来。次日 7 时许，焦乙约唐某下班后到城澜村中棚组看山场。同日 16 时许，焦乙告知焦甲将有一"老板"前来看山场，焦甲仍表示"谁来买山场就干掉谁"，并携带柴刀到"小岭洞"山场等候。同日 17 时许，焦乙带唐某来到"小岭洞"山场，行至山场一小木棚处时，遇到在此等候的焦甲，焦乙故意与唐某谈论买山场之事以让焦甲听到。焦甲听见后立即上前辱骂并殴打唐某，将唐打倒在地，后骑在唐的背上，向后猛勒唐的领带，致唐机械性窒息死亡。其间，焦乙假意劝阻焦甲不要殴打唐某。焦甲恐唐某未死，用石头又砸击唐的背部数下，并用事先准备的钢丝绳套在唐的颈部扎紧，用唐的皮带捆扎唐的双脚。之后，焦甲让焦乙回家取来锄头和铁锹，与焦乙一起将唐某的尸体驮至附近"封门口"山场的一烧炭洞处，用柴刀将唐某衣裤割开脱下后烧毁，将尸体放入烧炭洞中掩埋。随后，焦甲、焦乙携带从唐某身上搜出的手机、钥匙、铂金戒指、水果刀等物品回到家中。

问：请分析焦甲、焦乙的刑事责任。

【参考答案】 焦甲、焦乙构成故意杀人罪的共同犯罪。

客观上，焦乙与焦甲共同完成了杀害唐某的行为，焦乙带唐某来到"小岭洞"山场，故意与唐某谈论买山场之事以让焦甲听到，促成焦甲针对唐某直接实施攻击并将其杀害。两人都分担了导致结果发生的重要行为，对被害人死亡结果的实现起到了关键作用，属于故意杀人罪的共同正犯。

主观上，尽管两人动机不同，但都有杀害被害人的故意。因此二人成立故意杀人罪的共同犯罪。

注意：焦甲、焦乙携带从唐某身上搜出的手机、钥匙、铂金戒指、水果刀等物品（假定数额较大）回到家中，对于这种行为的性质，理论上有不同观点。

观点1：死者占有肯定说认为，上述行为成立盗窃罪。

观点2：死者占有否定说认为，既然财物的占有者已经死亡，他就不可能在客观上继续支配财物，也不可能有支配财物的意思。另外，盗窃行为必须是违反被害人意志的行为，既然对方已经死亡，就不存在违反其意志的问题。所以，肯定死者的占有存在疑问。可以将遗忘物作规范意义的解释，将死者身上或者身边的财物归入"遗忘物"，从而将上述行为认定为侵占罪。①

第三节 共同犯罪的其他问题（步调不一致）

【案例34】《刑事审判参考》指导案例第189号

2001年6月3日晚，被告人郭某、王某、李某、陈某在上海一家招待所内合谋抢劫住在光林旅馆的赵某。次日上午，郭某、王某、李某和陈某到位于光林旅馆附近的长城旅馆开了一间房，购买了作案工具尼龙绳和封箱胶带，陈某按预谋前去找赵某，其余3人留在房间内等候。稍后，赵某随陈来到长城旅馆房间，王某即掏出尖刀，威胁赵某，不许赵反抗，李某、郭某分别对赵某捆绑、封嘴，从赵身上劫得人民币50元和一块光林旅馆财物寄存牌。接着，李某和陈某持该寄存牌前往光林旅馆取财，郭某、王某则留在现场负责看管赵某。李、陈离开后，赵某挣脱了捆绑欲逃跑被郭、王发觉，郭立即抱住赵某，王则取出尖刀朝赵某的胸部等处连刺数刀，继而郭接过王的尖刀也刺赵某数刀。赵某被制服并再次被捆绑住。李、陈因没有赵的身份证而取财不成返回长城旅馆，得知了赵某被害的情况，随即拿了赵的身份证，再次前去光林旅馆取财，但仍未得逞。4名被告人遂一起逃逸。赵某因失血死亡。

问：李某和陈某是否对被害人的死亡结果承担责任？

【参考答案】被告人李某、陈某虽未实施持刀杀害行为，但应承担致人死亡后果的刑事责任。

客观上，郭某、王某、李某、陈某共谋实施抢劫行为，因此四人共同实施的抢劫行为本身即具有致人伤亡的高概率风险；主观上李某、陈某离开后，对于郭、王二人在看管过程中可能造成被害人死亡的结果具有预见可能性。因此李某、陈某虽未实施持刀杀害行为，但应承担抢劫致人死亡的刑事责任。

【案例35】《刑事审判参考》指导案例第200号

2001年1月上旬，吴某雇佣无业青年胡某、方某欲重伤李某，并带领胡某、方某指认李某并告之李某回家的必经路线。当月12日晚，胡某、方某等人携带钢管在李某回家的路上守候。

① 参见张明楷：《刑法学》，法律出版社2021年第6版，第1233页。

晚 10 时许，李某骑自行车路过，胡、方等人即持凶器上前殴打李某，把李某连人带车打翻在路边田地里，并从李身上劫走人民币 580 元。事后，吴某给付胡某等人"酬金"人民币 600 元。经法医鉴定，李某的伤情为轻微伤。

问：请分析吴某、胡某、方某的刑事责任。

【参考答案】 吴某构成故意伤害罪（教唆未遂），胡某、方某构成抢劫罪既遂。

本案中，吴某教唆的范围和内容为故意伤害，但胡某、方某实施了"抢劫"行为，并未实施教唆之罪，对于二者重合的范围即"伤害"的范围内承担刑事责任，因此，吴某构成故意伤害罪，由于被害人仅受轻微伤，没有达到构成犯罪的程度，吴某属于教唆未遂。对于胡某、方某的抢劫这一"过限行为"，胡某、方某与吴某之间并不存在共同故意，吴某不承担刑事责任。胡某、方某应单独对自己的抢劫行为承担刑事责任，构成抢劫罪既遂。

观点 1：吴某不构成故意伤害罪。根据司法实践，对故意轻伤的未遂不以犯罪论处，即行为人主观上希望或者放任造成轻伤结果发生，但实际上未造成轻伤结果的，不以故意伤害罪的未遂犯论处。

观点 2：吴某可以成立故意伤害罪（未遂）。因为已经造成了被害人轻微伤的结果，在理论上可以认为是轻伤害未遂但情节严重，也应以未遂犯追究刑事责任。（参见张明楷：《刑法学》，第 6 版，第 1120 页）

【案例 36】《刑事审判参考》指导案例第 491 号

被告人侯某、匡某、何某系被害人俞某（女）雇佣的临时工，且三被告人住俞的家中。侯某、匡某多次劝说何某一起对俞进行抢劫，何说："你们干的事与我无关，最多我不去报警。"2005 年 6 月 8 日，三人回到住处，侯、匡觉得时机已到。侯先到卫生间，以卫生间窗帘放不下为由，将被害人俞某骗至卫生间门口，随后跟出的匡某即持事先准备的剔骨刀从背后驾在俞某脖子上说："不要动，把钱拿出来。"俞某遂大声呼救并反抗，侯某即捂住俞某的嘴，并将其扑翻在地，然后骑在俞彩风身上继续捂嘴并卡住其喉咙，匡某在用胶带纸捆绑俞某未果的情况下，即持剔骨刀对俞某胸腹部、背部等处刺戳数刀，侯某用被子捂住被害人的头部，将俞某当场杀死。何某随后将尸体拖拽并和侯某、匡某一起在俞某衣裤内及室内劫取人民币 1000 余元等财物后逃离现场。

问：请分析侯某、匡某、何某的刑事责任。

【参考答案】 侯某、匡某、何某构成抢劫罪。

侯某、匡某客观上对被害人实施了暴力，并劫取了被害人的财物，导致了被害人死亡的后果，主观上存在为了非法占有财物的故意，构成抢劫罪。

何某与侯某、匡某二人虽无事先通谋，在犯罪过程前期亦未参与二人的暴力行为，但其在明知侯、匡二人行为性质的前提下，在被害人死亡后，参与了犯罪的后续行为，客观上为二人的犯罪起到了帮助作用，主观上也形成了对二人的犯罪目的的认可和主观故意上的沟通，根据主客观相一致，应当成立抢劫罪的共犯。但就本案中被害人死亡这一后果，何某即无事先的故意，又没有对死亡结果作出贡献，因此不对被害人死亡这一后果承担刑事责任，何某只构成抢劫罪的基本犯。

【案例 37】《刑事审判参考》指导案例第 555 号

2005 年国庆节期间，被告人胡甲因怀疑被害人李某在其贩卖毒品时从中作梗，便指使被告人胡乙教训李某一顿，将其打致"住院"，并答应事后给胡乙好处。随后胡甲带胡乙到李某居住处对李进行了指认，并交给胡乙人民币 1500 元。同年 10 月 7 日晚，胡乙纠集了被告人童某一同作案，并购买了两把弹簧刀。当晚 8 时许，胡乙、童某看见李某出门在路上行走，胡乙即冲上前持刀朝李某背部捅刺。李被刺后挣脱逃跑，童某追上将李抓住，胡乙赶上后又持刀朝李身上捅刺。李再次挣脱逃走，胡乙、童某追上将李按倒在地并持刀朝李身上乱刺，造成李某因双肺被刺破致急性大出血当场死亡。

问：请分析胡甲、胡乙、童某的刑事责任。

【参考答案】胡甲构成故意伤害罪（致人死亡），胡乙构成故意杀人罪，童某构成故意杀人罪。

胡乙、童某二人作为实行犯客观上持刀向被害人捅刺，导致了被害人死亡的后果；主观上二人连续追逐被害人，并将被害人按倒在地连续乱刺，其明显存在致人死亡的故意。因此胡乙、童某构成故意杀人罪既遂。

胡甲作为教唆犯，授意胡乙、童某"教训一顿"、将其打致"住院"，即较为严重的伤害，伤害行为对于死亡结果具有高概率风险，主观上，伤害的故意实际上是一种盖然性的故意，"住院"和"教训一顿"并未明确排除死亡后果，胡甲对于死亡结果具有预见可能性。因此，胡甲应当对被害人的死亡结果承担责任，根据主客观相一致原则，成立故意伤害罪（致人死亡）。

【案例38】《刑事审判参考》指导案例第 409 号

2003 年，被告人王甲与被害人逢某各自承包了本村沙地售沙。被告人王甲因逢某卖沙价格较低影响自己沙地的经营，即预谋找人教训逢某。2003 年 10 月 8 日 16 时许，被告人王甲得知逢某与妻子在地里干活，即纠集了被告人韩某、王乙及崔某某、肖某某、冯某某等人。在地头树林内，被告人王甲将准备好的 4 根铁管分给被告人王乙等人，并指认了被害人逢某。被告人韩某、王乙与崔某某、肖某某、冯某某等人即冲入田地殴打被害人逢某。其间，被告人韩某掏出随身携带的尖刀捅刺被害人逢某腿部数刀，致其双下肢多处锐器创伤致失血性休克死亡。被告人王乙看到韩某捅刺被害人并未制止，后与韩某等人一起逃离现场。

问：请分析王乙、王甲、韩某的刑事责任。

【参考答案】王乙、王甲、韩某构成故意伤害罪（致人死亡）。王甲是犯意的发起者，其为教唆犯，王乙、韩某等为实行犯。韩某与王乙之间还是共同实行犯。

王甲教唆王乙、韩某等人，殴打被害人逢某，韩某用尖刀捅刺被害人致使被害人死亡。主观上，王甲的教唆内容是一种盖然性的教唆，其"教训一顿"的表述，并不能明确范围，可以涵盖造成被害人死亡这一后果，王甲对于死亡结果具有预见可能性。因此王甲应当成立故意伤害罪（致人死亡）。

韩某与王乙共同实行了对被害人的伤害行为，其中韩某用刀刺被害人的行为导致了被害人的死亡。主观上二人均为伤害的故意，因此成立故意伤害罪。韩某用刀刺被害人的行为，并不在事先的共谋中，但王乙在看到后并未采取有效制止，应认定其对实行者给予了默认和支持，因此，王乙也需对死亡结果承担刑事责任，构成故意伤害罪（致人死亡）。

第七章 罪数形态

第一节 一 罪

【案例 39】《刑事审判参考》指导案例第 264 号

2001 年 11 月，被告人梁某与王某相识，梁谎称自己是安徽省公安厅刑警队重案组组长，骗得王与其恋爱并租房同居。期间，梁又先后对王谎称自己任省公安厅厅长助理、池州市公安局副局长等职。为骗取王及其家人、亲戚的信任，梁某先后伪造了安徽省公安厅文件、通知、荣誉证书、审查登记表；印制了职务为池州市公安局副局长的名片和刑警执法证；购买了仿真玩具手枪等；2001 年 10 月至 2002 年 8 月梁多次从合肥、池州等地公安机关盗取数件警服、警帽、持枪证以及相关材料；多次租用京 GD6798 号出租车，冒充是省公安厅为其配备。在骗取王某及其家人、亲戚的信任后，2002 年 4 月至 2002 年 8 月期间梁以种种谎言骗得王家人及亲戚现金 39750 元，并挥霍。

2002 年 5 月，梁某又冒充安徽省公安厅刑警，骗取另一受害人张某与其恋爱并发生性关系。后以请人吃饭为由，骗取张现金 5000 元。

问：请分析梁某的刑事责任。

【参考答案】 梁某构成招摇撞骗罪、诈骗罪与伪造国家机关公文、证件罪，择一重罪论处。

首先，梁某冒充人民警察，骗取财物，符合招摇撞骗罪的构成要件；其伪造国家机关公文、证件的行为，与招摇撞骗行为之间存在手段和目的的关系，应按照牵连犯的"从一重罪论处"的原则，认定为招摇撞骗罪；

其次，梁某亦属于虚构事实、隐瞒真相，骗取他人数额较大的财物，符合诈骗罪的构成要件，根据司法解释两罪发生竞合时，应当依照处罚较重的规定定罪处罚。

最后，梁某本案中连续多次实施招摇撞骗的行为，但数次行为均是在同一犯意支配下完成的，符合连续犯的特点，因此不适用数罪并罚。

第二节 数 罪

【案例 40】《刑事审判参考》指导案例第 332 号

被告人夏某、汪某与曹某为贪图钱财，由曹某提议用拍摄裸照让被害人以钱款赎回的方法敲诈女青年王某的钱财。2004 年 7 月 9 日 23 时许，三人至事先踩点的上海市中华新路 870 号，曹因未能提供照相机，提议由夏、汪先抢王某的钱款，其再用抢得钱款购买照相机并在外接应，夏某、汪某则上楼守候。当王某从外面回至该号 504 室住处开门进入时，夏某抢夺王的背包，强行将王推入屋内后摔倒，并持刀顶住王的颈部。两人用衣服和围巾共同捆绑王的手脚，从而抢得内有钱包和价值人民币 1560 元的西门子 SL55 型手机一部等物。夏某按预谋又从钱包

（内有人民币 2000 余元、美元 100 元、港元 100 元）内抽出若干现金人民币交给汪某。汪送至在外等候的曹某购买照相机。而后，汪某将王的衣服脱光，夏某用曹以劫得赃款购买的照相机拍摄王的裸照 28 张，要求王某以每张 2000 元人民币的价格全部赎回。嗣后，夏分得赃款人民币 500 元，汪分得人民币 300 元。

问：请分析夏某、汪某、曹某的刑事责任。

【参考答案】夏某、汪某、曹某构成抢劫罪、敲诈勒索罪，数罪并罚。

首先，被告人以非法占有的目的，将被害人王某推入屋内后摔倒，并捆绑王的手脚，压制其反抗并当场劫取财物，构成抢劫罪。同时，两被告人以侵犯被害人财产为目的入户，并且暴力行为发生在户内，属于入户抢劫；其次，被告人拍摄裸照后，以此对被害人进行威胁，要求王某以每张 2000 元人民币的价格全部赎回，以此方式非法占有被害人财物，成立敲诈勒索罪；尽管抢劫取得的财物有一部分用来购买相机，为后面的敲诈勒索行为提供工具，但是抢劫与敲诈勒索之间并不具有类型化的牵连关系，不能认定为牵连犯，而应当数罪并罚。

曹某随未直接参与两罪的实行，但是其提议由夏、汪先抢王某的钱款，其再用抢得钱款购买照相机，属于抢劫罪的教唆犯；之后其又购买相机作为其他两被告人敲诈勒索的工具，属于敲诈勒索罪的帮助犯，应当两罪并罚。

【案例 41】《刑事审判参考》指导案例第 171 号

2000 年 9 月，被告人李某到被害人刘某承包经营的速递公司打工，并与刘某共同租住在北京市东城区花园东巷 3 号。同年 11 月，刘某以人民币 2 万元将速递公司的经营权转包给李某。因刘某多次向李某催要转包费，李无钱支付，遂起意杀死刘某。2001 年 1 月 21 日 6 时许，被告人李某趁刘某熟睡之机，持斧头猛砍刘的头部和颈部，将刘的颈右侧动脉及静脉切断，致刘因失血性休克合并颅脑损伤而死亡。后又将死者身上的 1800 元人民币和旅行包内一工商银行活期存折连同灵通卡（存有人民币 1 万元）及其密码纸、西门子移动电话、充电器等款物拿走。李某用灵通卡分 3 次从自动取款机上将存折内 1 万元人民币取出后，购买了电视机、移动电话、毛毯等物。2001 年 2 月 3 日，公安机关在被告人李某家中将其抓获。

问：关于李某的刑事责任，有几种处理意见，请分别阐述？

【参考答案】观点 1：李某故意非法剥夺他人生命，其行为已构成故意杀人罪；将被害人杀死后，又以非法占有为目的，乘机窃取被害人财物，数额巨大，其行为又构成盗窃罪，应以故意杀人罪和盗窃罪并罚。

观点 2：李某为逃避债务故意杀人，杀人后当场劫取被害人财物，其行为虽然可分为不同阶段，但实质都是以非法占有财物为目的而故意杀人，符合抢劫罪的构成要件，应以抢劫罪一罪定罪处罚。

观点 3：李某为逃避债务而杀人，其实质是为了劫取他人的债权利益，成立抢劫罪；将被害人杀死后，又以非法占有为目的，取走被害人财物，数额巨大，其行为又构成盗窃罪，应以抢劫罪和盗窃罪并罚。

第八章　量刑（刑罚的裁量）

第一节　自首、立功、坦白

【案例42】2014年某日凌晨，李甲、李乙在一饭店用餐后，李甲因故同醉酒的方某发生争执。于是李甲唆使李乙、姜某、杨某、黄某去教训方某，方某因头部重度颅脑损伤死亡。同日8时许姜、杨、黄三人落网，公安机关根据监控录像确定殴打方某的有四人（另一人即李乙），公安机关将李甲作为知情人员传唤询问，李甲未供述自己指使他人殴打被害人的犯罪事实，但提供了李乙在某饭店工作的信息。同日，公安机关通过调查发现该饭店内的一名厨师的体貌特征与监控视频中的一名嫌疑人相似，遂将李甲带至该饭店进行指认。李甲确认该嫌疑人即是李乙，公安机关将李乙抓获归案。

问：李甲是否构成立功？说明理由。

【参考答案】李甲不成立立功。

《最高人民法院关于处理自首和立功具体应用法律若干问题的解释》第五条将"协助司法机关抓捕其他犯罪嫌疑人（包括同案犯）"作为立功表现的一种类型加以规定，但根据《解释》第五条的规定，"犯罪分子到案后有检举、揭发他人犯罪行为……应当认定为有立功表现"，由此可见，只有"到案后"才可能构成立功。

本案中，被告人李甲在接受询问时，公安机关未发现其有犯罪嫌疑而在客观上没有对其采取强制措施，李甲故意隐瞒涉案事实，也没有任何投案的意愿，因此不属于"到案"。

【案例43】2017年8月初，林某到缅甸国与吴某商定购买毒品。吴某找到魏某运送毒品。魏某等人携毒品到达云南省施甸县时被民警例行盘查，民警当场从该包内查获毒品若干（数量、种类不予考虑）。魏某提供线索并协助民警在一山洞内查获毒品9643克，但魏某并不能说出该毒品的实际所有者。

问：魏某的行为是否属于立功？

【参考答案】魏某提供的线索真实有效，虽然只未抓获毒品的实际控制人，但魏某的这一行为应该认定为有益于国家和社会的突出行为，体现在两个方面：一是有效防止了该批数量巨大的毒品流入社会、危害社会；二是从源头上阻止了该批毒品的实际控制人继续实施以该批毒品为对象的犯罪的可能性。

魏某提供9643克毒品线索的行为完全符合立功的成立要件，应当构成立功，且属于重大立功的情形。

【案例44】《刑事审判参考》指导案例第703号

一、关于爆炸事实

2009年5月28日1时许，蒋某将自制的定时爆炸装置安放在泰康医院一楼儿科住院部卫生间内的电热水器上，后该装置发生爆炸致住院病人及家属胡甲、陈某轻微伤，刘某及其幼子周某等受伤，并造成医院机械设备受损。随后，蒋某用手机发短信、打电话，多次向泰康医院董事长谭某勒索财物，均未果。蒋某认为没有达到目的，决定再次对泰康医院实施爆炸。

2009年6月1日20时许，蒋某用纱布包脸伪装成伤员，一手提一袋苹果，一手提用旺仔牛奶箱装的已定时1小时的爆炸装置，乘坐被害人徐某驾驶的出租摩托车前往泰康医院。途中，蒋某以有事为借口下车，委托徐某将苹果和牛奶箱送至泰康医院住院部二楼交给一名70多岁的老太太。徐某提着东西到医院二楼寻人，遍寻不着。当徐某提着东西下楼时，爆炸装置发生爆炸，致徐某重伤，胡乙轻伤，易某、廖某轻微伤，龚某等人亦受伤，并造成泰康医院住院部楼道口附属设备被毁。

二、关于敲诈勒索事实

2009年5月28日凌晨1时许，被告人蒋某在湖南省桂阳县城关镇泰康医院安放爆炸装置后，来到该镇蒙泉路20号李某经营的寿材店门口，安放了一包装有雷管、导火索的炸药，并打电话向李某勒索2万元。李某即报警，蒋某勒索未果。

2009年5月29日至5月31日。被告人蒋某多次打电话、发短信恐吓湖南省桂阳县教育局职工曹某，向曹某勒索10万元，未果。

泰康医院在发生第二次爆炸后即报警，该医院董事长谭某向公安机关反映在事发后多次接到勒索电话，并提供了电话号码。公安机关经侦查，确定系人为爆炸案，案发后又通过电话向医院敲诈钱财。公安机关一方面指导谭某通过电话与犯罪嫌疑人周旋，另一方面展开技术侦查工作，后将犯罪嫌疑人蒋某抓获。蒋某归案后主动供述了公安机关尚未掌握的在泰康医院实施的第一次爆炸，及敲诈勒索李某、曹某的犯罪事实。

问：蒋某主动供述公安机关未掌握的另两起敲诈勒索罪，是否构成特别自首？

【参考答案】根据司法解释，被采取强制措施的犯罪嫌疑人、被告人和已宣判的罪犯，如实供述司法机关尚未掌握的罪行，与司法机关已掌握的罪行属不同种罪行的，以自首论；与司法机关已掌握的属同种罪行的，不成立自首，可以酌情从轻处罚

本案中，公安机关已经掌握了蒋某为敲诈勒索而实施爆炸的行为，即已掌握其爆炸罪与敲诈勒索罪两个犯罪事实，蒋某归案后主动供述了公安机关尚未掌握的在泰康医院实施的第一次爆炸，及敲诈勒索李某、曹某的犯罪事实，与司法机关已经掌握的爆炸罪、敲诈勒索罪是同种罪行，蒋某的行为属于坦白余罪，不成立自首。

【考点小结】自首、立功、坦白

一、自首

自首，是指犯罪以后自动投案，如实供述自己的罪行的行为。被采取强制措施的犯罪嫌疑人、被告人和正在服刑的罪犯，如实供述司法机关还未掌握的本人其他罪行的，以自首论。据此，自首可以分为一般自首与准自首。

（一）一般自首

一般自首，是指犯罪分子犯罪以后自动投案，如实供述自己罪行的行为。一般自首的成立条件为：

1. 自动投案

即在犯罪事实或者犯罪嫌疑人未被司法机关发觉，或者虽被发觉，但犯罪嫌疑人尚未受到讯问、未被采取强制措施时，主动、直接向公安机关、人民检察院或者人民法院投案。

（1）投案对象：司法机关、所在单位、城乡基层组织、其他有关负责人；

（2）投案时间：尚未采取刑事诉讼强制措施之前（犯罪后逃跑，在被通缉、追捕过程中，主动投案的；经查实确已准备去投案；或者正在投案途中，被公安机关捕获的，应当视为自动投案）

（3）投案方式：本人或者委托他人代投或者信函、电话、电报或者送子归案；

【注意1】根据司法解释犯罪嫌疑人具有以下情形之一的，也应当视为自动投案：

①犯罪后主动报案，虽未表明自己是作案人，但没有逃离现场，在司法机关询问时交代自己罪行的；

②明知他人报案而在现场等待，抓捕时无拒捕行为，供认犯罪事实的；

③在司法机关未确定犯罪嫌疑人，尚在一般性排查询问时主动交代自己罪行的；

④因特定违法行为被采取劳动教养、行政拘留、司法拘留、强制隔离戒毒等行政、司法强制措施期间，主动向执行机关交代尚未被掌握的犯罪行为的；

【注意2】关于"送子归案"，根据司法解释：

①并非出于犯罪嫌疑人主动，而是经亲友 规劝、陪同 投案的，视为自动投案；

②公安机关通知犯罪嫌疑人的亲友，或者亲友主动报案后，将犯罪嫌疑人 送去 投案的，视为自动投案。

③犯罪嫌疑人被亲友采用 捆绑 等手段送到司法机关，或者在亲友带领侦查人员前来抓捕时无拒捕行为，并如实供认犯罪事实的，不能认定为自动投案，但可以参照法律对自首的有关规定酌情从轻处罚。

【注意3】关于"形迹可疑"，根据司法解释：

①罪行未被有关部门、司法机关发觉，仅因形迹可疑被盘问、教育后，主动交代了犯罪事实的，应当视为自动投案；

②但有关部门、司法机关在其身上、随身携带的物品、驾乘的交通工具等处发现与犯罪有关的物品的，不能认定为自动投案。

【注意4】交通肇事罪案件中的自首

交通肇事后保护现场、抢救伤者，并向公安机关报告的，应认定为自动投案，构成自首的，因上述行为同时系犯罪嫌疑人的法定义务，对其是否从宽、从宽幅度要适当从严掌握。

交通肇事逃逸后自动投案，如实供述自己罪行的，应认定为自首，但应依法以较重法定刑为基准，视情决定对其是否从宽处罚以及从宽处罚的幅度。

（4）投案动机：真诚悔改、争取宽大处理或者摄于法律威力、走投无路

2. 如实供述自己的罪行

（1）自己的主要犯罪事实

供述自己实施并应由本人承担刑事责任的罪行。投案人所供述的犯罪，既可以是投案人单独实施的，也可以是与他人共同实施的；既可以是一罪，也可以是数罪。同时还包括同案犯的共同犯罪事实。

（2）如实

如果犯罪人在供述犯罪的过程中推诿罪责，保全自己，意图逃避制裁；大包大揽，庇护同伙，意图包揽罪责；歪曲罪质，隐瞒情节，企图蒙混过关；掩盖真相，避重就轻，试图减轻罪责，等等，均属不如实供述自己的犯罪事实，不能成立自首。

【注意】根据司法解释：

1. 如实供述自己的罪行，除供述自己的主要犯罪事实外，还应包括姓名、年龄、职业、住址、前科等情况；

2. 供述的身份等情况与真实情况虽有差别，但不影响定罪量刑的，应认定为如实供述自己的罪行；

3. 如实供述行为事实但对行为性质加以辩解的，应认定为如实供述自己的罪行；

4. 对于犯罪证据、凶器拒不交代，不影响认定为如实供述自己的罪行；

5. 如实供述后又翻供的，不是自首；但 一审宣判前 又如实供述的成立自首，应当认定为自首；

6. 不退还赃物的，原则上不影响自首的成立；

（二）特别自首的概念及其成立条件

特别自首，亦称准自首，是指被采取强制措施的犯罪嫌疑人、被告人和正在服刑的罪犯，如实供述司法机关还未掌握的本人其他罪行的行为。特别自首的成立条件为：

1. 成立特别自首的主体必须是被采取强制措施的犯罪嫌疑人、被告人和正在服刑的罪犯

所谓强制措施，是指我国刑事诉讼法规定的拘传、拘留、取保候审、监视居住和逮捕。所谓正在服刑的罪犯，是指已经人民法院判决、正在执行所判刑罚的罪犯。上述法律规定的三种人以外的犯罪分子，不能成立特别自首。

2. 如实供述司法机关尚未掌握的本人 其他异种 罪行

被采取强制措施的犯罪嫌疑人、被告人和已宣判的罪犯，如实供述司法机关 尚未掌握 的罪行，与司法机关已掌握的或者判决确定的罪行属 不同罪行 的，以自首论；如实供述司法机关尚未掌握的罪行，与司法机关已掌握的或者判决确定的罪行属 同种罪行 的，可以酌情从轻处罚；如实供述的同种罪行较重的，一般应当从轻处罚。

（1）"尚未掌握"

①如果该罪行已被通缉，一般应以该司法机关是否在通缉令发布范围内作出判断，不在通缉令发布范围内的，应认定为还未掌握，在通缉令发布范围内的，应视为已掌握；

②如果该罪行已录入全国公安信息网络在逃人员信息数据库，应视为已掌握；

③如果该罪行未被通缉、也未录入全国公安信息网络在逃人员信息数据库，应以该司法机关是否已实际掌握该罪行为标准。

（2）"异种罪行"：原则上指"罪名"不同

①如果所交代罪行与司法机关掌握的罪名密切相关或者属于选择性罪名，视为"同种罪行"，不成立特别自首；

例1 法官元宝因为收受甲的贿赂被逮捕，侦查阶段交代自己收受甲贿赂后，对于甲的刑事案件违法做出无罪判决的事实，由于徇私枉法罪与受贿罪密切相关，则元宝不成立特别自首。

例2 人贩子元宝因为拐卖儿童甲被逮捕后，侦查阶段交代自己另有拐卖妇女乙的事实，由于拐卖妇女、儿童罪属于选择性罪名，则元宝不成立特别自首。

②如果司法机关掌握的罪名证据不足、指控不能成立，在此范围以外交代同种罪行的，视为"异种罪行"，成立特别自首。

例3 国家工作人员元宝，因涉嫌在A工程上贪污公款而被逮捕，侦查机关在法定羁押期间无法搜集到确实、充分的证据，元宝主动交代自己在B工程上贪污公款的事实，元宝成立特别自首。

（四）自首的法律后果

对于自首的犯罪分子，可以从轻或者减轻处罚。其中，犯罪较轻的，可以免除处罚。

二、坦白

（一）概念：虽然没有自动归案，但是被动归案后如实供述自己的罪行。

（二）法律后果

1. 坦白的：可以从轻处罚；

2. 因其如实供述自己罪行，避免特别严重后果发生的：可以减轻处罚；

三、立功

立功，是指犯罪分子到案后有检举、揭发他人犯罪行为，包括共同犯罪案件中的犯罪分子揭发同案犯共同犯罪以外的其他犯罪，经查证属实；提供侦破其他案件的重要线索，经查证属实；阻止他人犯罪活动；协助司法机关抓捕其他犯罪嫌疑人（包括同案犯）；具有其他有利于国家和社会的突出表现的。

（一）一般立功

1. 检举、揭发他人犯罪行为，包括共同犯罪案件中的犯罪分子揭发同案犯共同犯罪以外的其他犯罪，经查证属实；

2. 提供侦破其他案件的重要线索，经查证属实；

3. 阻止他人犯罪活动；

4. 协助司法机关抓捕其他犯罪嫌疑人（含同案犯）；

5. 具有其他有利于国家和社会的突出表现的；

（二）重大立功

1. 检举、揭发他人重大犯罪行为，经查证属实；

2. 提供侦破其他重大案件的重要线索，经查证属实；

3. 阻止他人重大犯罪活动；

4. 协助司法机关抓捕其他重大犯罪嫌疑人（包括同案犯、必要共犯）；

5. 对国家和社会有其他重大贡献等表现。

"重大犯罪" "重大案件" "重大犯罪嫌疑人"	犯罪嫌疑人、被告人可能被判处无期徒刑【客观上】以上刑罚或者案件在本省、自治区、直辖市或者全国范围内有较大影响。

（三）关于立功的其他问题

1. 立功线索来源的具体认定

（1）犯罪分子通过贿买、暴力、胁迫等非法手段，或者被羁押后与律师、亲友会见过程中违反监管规定，获取他人犯罪线索并"检举揭发"的，不能认定为有立功表现。

（2）犯罪分子将本人以往查办犯罪职务活动中掌握的，或者从负有查办犯罪、监管职责的国家工作人员处获取的他人犯罪线索予以检举揭发的，不能认定为有立功表现。

（3）犯罪分子亲友为使犯罪分子"立功"，向司法机关提供他人犯罪线索、协助抓捕犯罪嫌疑人的，不能认定为犯罪分子有立功表现。

2. 关于"协助抓捕其他犯罪嫌疑人"的具体认定

犯罪分子具有下列行为之一，使司法机关抓获其他犯罪嫌疑人的，属于"协助司法机关抓捕其他犯罪嫌疑人"：

（1）按照司法机关的安排，以打电话、发信息等方式将其他犯罪嫌疑人（包括同案犯）约至指定地点的；

（2）按照司法机关的安排，当场指认、辨认其他犯罪嫌疑人（包括同案犯）的；

（3）带领侦查人员抓获其他犯罪嫌疑人（包括同案犯）的；

（4）提供司法机关尚未掌握的其他案件犯罪嫌疑人的联络方式、藏匿地址的，等等。

但是，犯罪分子提供同案犯姓名、住址、体貌特征等基本情况，或者提供犯罪前、犯罪中掌握、使用的同案犯联络方式、藏匿地址，司法机关据此抓捕同案犯的，不能认定为协助司法机关抓捕同案犯。

（四）立功的法律后果

1. 立功：可以从轻或者减轻处罚；

2. 重大立功：可以减轻或者免除处罚。

第九章　刑罚的消灭【追诉时效】

【案例45】1998年5月10日3时许，被告人林某在其经营的冷饮摊，与到其冷饮摊消费的黄某等人因消费的收费问题发生纠纷，黄某掀翻桌子打碎桌上杯子和碟子，双方遂发生冲突。黄某闻讯来到冷饮摊，后因与林某言语不和，继而引发双方推搡打架。林某从其冷饮摊内拿起一把水果刀，持刀砍中黄某的右小腿，致其受伤，后被在场群众劝止。

案发后，林某即潜逃。黄向公安机关报案，要求追究林某的刑事责任，但公安机关一直未予立案，黄某为此多次向有关部门上访、控告。2012年8月，公安机关对黄某进行司法鉴定，结论为黄某的伤情属轻伤，构成十级伤残。公安机关于同年9月10日立案，同年12月28日将林某抓获。

问：请分析被害人在追诉期限内提出控告，公安机关应当立案而未立案的案件，是否受追诉时效的限制。

【参考答案】本案没有超过诉讼期限。本案属于刑法第88条第2款规定的"被害人在追诉期限内提出控告，公安机关应当立案而不立案"，没有超过追诉期限。

首先，黄某自案发后即向公安机关报案，在追诉期限内多次向相关政法部门提出控告，并多次上访和信访，要求追究持刀伤人者林某的刑事责任；其次，根据我国刑法规定，故意伤害罪必须经法医作出伤情鉴定并达到轻伤等级后，才能确定行为人的行为构成犯罪。由于对被害人的伤情进行鉴定系公安机关内部工作机制，是应不应当立案的一个必要环节，因此对于公安机关未及时进行伤情鉴定从而导致无法及时立案的后果，不能由被害人承担，并使被告人获利。

【考点小结】时效

一、时效期限，犯罪经过下列期限不再追诉：

1. 法定最高刑为不满5年有期徒刑的，经过5年；

2. 法定最高刑为5年以上不满10年有期徒刑的，经过10年；

3. 法定最高刑为10年以上有期徒刑的，经过15年；

4. 法定最高刑为无期徒刑、死刑的，经过20年。如果20年以后认为必须追诉的，须报请最高人民检察院核准。（如果20年以后认为必须追诉的，须报请最高人民检察院核准）

二、时效计算

1. 起算

（1）犯罪之日：行为符合犯罪构成之日；

（2）犯罪行为有连续或继续状态的：犯罪行为终了之日。

2. 延长（"无限延长"－"摆脱时效限制"）

（1）案件已经立案或审理，而逃避侦查或审判；

（2）被害人在追诉时效内已经提出控告，有关机关应当立案而不予立案的。

3. 中断（"重新计算"）

在前罪的追诉期限内又犯新罪的，前罪追诉期限从后罪犯罪之日起计算。

第十章　危害公共安全罪

第一节　以危险方法危害公共安全的犯罪

【案例46】2013年4月，执法人员拆除古某家的违章建筑，古某看到房子被拆越想越气。随后，古某加速驾驶小轿车直冲下去，撞到了维持外围秩序的多名工作人员，其中导致5人的损伤程度为轻伤，2人为轻微伤，4人未达到轻微伤程度。

问：古某驾车冲撞执法人员，是否构成犯罪？如果构成，应以何罪处理？

【参考答案】古某的行为成立以危险方法危害公共安全罪。

根据《刑法》的规定，以放火、决水、爆炸、投放危险物质以外的其他危险方法危害公共安全的，成立以危险方法危害公共安全罪。

在本案中，古某在人群聚集地采用汽车撞人的方式，很难控制具体的侵害对象以及所造成的侵害后果，同时危及多数人人身权利，因此，成立以危险方法危害公共安全罪。

【案例47】2013年2月，古某因拆迁事宜报复刘某，在刘某办公室内的暗室安装铱射线工业探伤机，使用铱源对刘某的身体进行照射，致使刘某及其他70位工作人员受到放射源的辐射伤害。经鉴定，刘某为重伤，有13人为轻伤。

问：古某的行为如何认定？

【参考答案】古某的行为构成投放危险物质罪。

古某安装铱射线工业探伤机行为，致使数十名工作人员受到放射源的辐射伤害，造成了重伤结果，可以评价为"投放危险物质罪"，并属于投放危险物质罪的结果加重犯。

第二节　有关枪支、弹药、爆炸物及危险物品的犯罪

【案例48】王某通过网络结识了身在美国的华人林某，约定由林某从境外将枪支、子弹，通过物流公司从美国发往王某所在市。王某收到枪后，再根据买家联系地址，将枪弹快递至买家，王某向买家共提供枪支48支、子弹4500余发。

问：王某向买家提供枪支、弹药的行为应当如何处理？为什么？

【参考答案】王某构成走私武器、弹药罪和非法买卖枪支、弹药罪，应当数罪并罚。

根据刑法规定，违反海关法规，逃避海关监管，非法运输、携带、邮寄武器、弹药进出国（边）境的行为，构成走私武器、弹药罪；非法买卖枪支的、弹药的，构成非法买卖枪支、弹药罪。

本案的王某与境外的林某共谋，接受非法邮寄入境的枪支、弹药，构成走私武器、弹药罪；王某将枪支、弹药转寄购买人的行为是销售枪支、弹药的一种方式，构成非法买卖枪支、弹药罪。对于王某应当以此罪和非法买卖枪支、弹药罪数罪并罚。

第三节　重大责任事故犯罪

【案例49】 B是某特大山城的公交车司机。一日清晨，B驾驶公交车期间，乘客刘某发现自己错过下车的车站，走到司机近前要求B停车，想中途下车。B以车未到车站、无公交车站为由拒绝。刘某站在B的身旁不断指责，B多次解释，刘某不接受，要求B停车。二人发生争吵、口角，互有辱骂性、攻击性语言。争吵中，刘某用手机击打B的头部，B左手握方向盘，右手格挡、还击，二人互殴数秒，刘某拉扯B的右臂并试图抢夺方向盘，车辆突然偏离道路中心实线，与对面正常行驶的小轿车相撞后失控，冲入几十米深的江中。事后查明，车上总计有15人，水下打捞出13具尸体，有2人未能打捞出水而失踪。

问：请分析司机B与刘某的刑事责任。

【参考答案】 司机B构成交通肇事罪，乘客刘某构成以危险方法危害公共安全罪。

首先，司机B在受到殴打后，没有采取正确的应对措施，而是与乘客刘某互殴，属于违反道路交通安全法规的行为，虽然有造成重大交通事故的危险性，但是B左手握方向盘，右手格挡、还击，在此种情形下，应当认定B相信自己与刘某互殴不会造成交通事故，主观上是过失，应当以交通肇事罪论处。

其次，乘客刘某在不合理要求未得到满足的情况下连续暴力攻击司机B，进而与公交车司机互殴，拉扯B的右胳膊并试图抢夺方向盘，致使公交车司机B不能安全驾驶，造成重大交通事故的后果，主观上应当认定为放任危害结果发生的间接故意，构成以危险方法危害公共安全罪。

【案例50】 杜某驾驶一辆小货车（严重超载）在某国道上行驶，在一十字路口处闯红灯，将一骑自行车的行人张某撞倒（重伤）。杜某下车查看，摸鼻息见张某似无呼吸，误认为张某已死亡。为了逃避法律追究，杜某将张某的"尸体"抬到路边水沟里隐藏后逃离现场。事实上张某，尚有极其微弱的呼吸，最终因未及时救助而死亡。

分析杜某行为的性质，说明理由。

【参考答案】 杜某构成交通肇事罪，系因逃逸致人死亡。根据刑法以及司法解释，因逃逸致人死亡，是指行为人在交通肇事后为逃避法律追究而逃跑，致使被害人因得不到救助而死亡的情形。

杜某闯红灯将致一人重伤，且有超载驾驶情节，构成交通肇事罪；同时杜某为了逃避法律追究，而逃离现场，被害人因为没有得到及时救助而死亡，因此属于交通肇事罪的加重情节。

【案例51】《刑事审判参考》指导案例第342号

2002年7月24日凌晨6时许，被告人钱某持证驾驶苏DL3308中型自卸货车，沿241线由溧阳市平桥镇梅岭石矿往溧阳水泥厂运石头，当车行至241线127km＋310m处，因遇情况采取措施不当而撞到前方公路上的一名行人（身份不明），致该人受伤。被告人钱某下车察看并将被害人扶至路边，经与其交谈后，被告人钱某认为被害人没有大的伤害，故驾车离开现场。后被告人钱某再次路过此处，看到被害人仍然坐在路边。当天下午，被害人因腹膜后出血引起失血性休克死亡（经了解，被害人若及时抢救可避免死亡）。经交警部门认定，被告人钱某负该起事故的全部责任。

问：如何认定钱某的刑事责任？如果有不同观点，可以分别阐释。

【参考答案】 观点1：钱某构成交通肇事罪，不属于"因逃逸致人死亡"的情形。

　　钱某驾驶机动车由于操作不当，造成事故，致一人死亡，且负该起事故的全部责任，构成交通肇事罪。

　　根据司法解释，交通肇事罪的加重情节"因逃逸致人死亡"，要求行为人主观上基于逃避法律追究的目的而逃跑，被害人因为没有得到及时救助而死亡。本案中，钱某交通肇事后因过于自信导致对后果认识错误，离开事故现场，致被害人未能得到及时救助而死亡，其主观上没有逃避法律追究的意图，因此其行为不属于"为逃避法律追究而逃跑"的逃逸行为。

　　观点2：钱某构成交通肇事罪，属于"因逃逸致人死亡"的情形。

　　尽管司法解释对于交通肇事罪的加重情节"因逃逸致人死亡"的情形，限定"逃逸"的目的是为了逃避法律追究。其实，立法者将"逃逸"作为加重处罚的情节，本意是敦促肇事者救人，因此应当以"不救助被害人"为核心，来认定逃逸。本案中，钱某肇事致使被害人受伤，却没有对被害人实施应有的救助行为，最终导致被害人因没有得到及时救助而死亡，应当认定为交通肇事罪的"因逃逸致人死亡"情形，加重法定刑。

　　【案例 52】《刑事审判参考》指导案例第 439 号

　　2005 年 10 月 26 日晚 21 时许，被告人韩某酒后驾驶苏 G918 "解放牌"货车，行驶至连云港市连云区桃林社区岛山巷时将在路边行走的妇女徐某撞倒。韩某发现撞伤人后，为逃避法律追究，将徐某转移到岛山巷 10 号楼 2 单元道口藏匿，致使徐某无法得到及时救助而死亡。当夜，韩某又借用苏 M080 "东风牌"货车，将徐某的尸体运至连云区板桥镇，将尸体捆绑在水泥板上，沉入烧香河中。

　　问：如何认定韩某的刑事责任

　　【参考答案】韩某构成故意杀人罪。

　　根据司法解释，行为人在交通肇事后为了逃避法律责任，将被害人带离事故现场后隐藏或者遗弃，致使被害人无法得到救助而死亡或者严重残疾的，应当分别认定为故意杀人罪、故意伤害罪。

　　本案中，被告人韩某发现撞伤人后，为逃避法律追究，将本害人徐某转移到岛山巷 10 号楼 2 单元道口藏匿，致使徐某无法得到及时救助而死亡，被告人构成（不作为）故意杀人罪。

　　【案例 53】最高人民法院指导案例第 32 号

　　2012 年 2 月 3 日 20 时 20 分许，被告人张某某、金某相约驾驶摩托车出去享受大功率摩托车的刺激感，约定"陆家浜路、河南南路路口是目的地，谁先到谁就等谁"。随后，由张某某驾驶无牌的本田大功率二轮摩托车（经过改装），金某驾驶套牌的雅马哈大功率二轮摩托车（经过改装），从上海市浦东新区乐园路 99 号车行出发. 行至杨高路、巨峰路路口掉头沿杨高路由北向南行驶，经南浦大桥到陆家浜路下桥，后沿河南南路经复兴东路隧道、张杨路回到张某某住所。全程 28.5 公里，沿途经过多个公交站点、居民小区、学校和大型超市。在行驶途中，二被告人驾车在密集车流中反复并线、曲折穿插、多次闯红灯、大幅度超速行驶。当行驶至陆家浜路、河南南路路口时，张某某、金某遇执勤民警检查，遂驾车沿河南南路经复兴东路隧道、张杨路逃离。其中，在杨高南路浦建路立交（限速 60km/h）张某某行驶速度 115km/h、金某行驶速度 98km/h；在南浦大桥桥面（限速 60km/h）张某某行驶速度 108km/h、金某行驶速度 108km/h；在南浦大桥陆家浜路引桥下匝道（限速 40km/h）张某某行驶速度大于 59km/h、金某行驶速度大于 68km/h；在复兴东路隧道（限速 60km/h）张某某行驶速度 102km/h、金某行驶速度 99km/h。

　　2012 年 2 月 5 日 21 时许，被告人张某某被抓获到案后，如实供述上述事实，并向公安机关提供被告人金某的手机号码。金某接公安机关电话通知后于 2 月 6 日 21 时许主动投案，并如实供述上述事实。

问：请分析张某某、金某的刑事责任。

【参考答案】张某某、金某构成危险驾驶罪。

客观上，二被告人驾驶超标大功率的改装摩托车，为追求速度，多次随意变道、闯红灯、大幅超速等严重违章驾驶行为，属于危险驾驶罪中的"追逐竞驶"；主观上，二被告人张某某、金某具有享受大功率摩托车的刺激感的内心需要，对于给公共安全带来的危险，具有放任的心理态度；情节上，二被告人驾驶的系无牌和套牌的大功率改装摩托车，驾驶速度很快，多处路段超速达50%以上并且反复并线、穿插前车、多次闯红灯行驶，途经的杨高路、张杨路、南浦大桥、复兴东路隧道等均系城市主干道，极易引发重大恶性交通事故。故可以认定二被告人追逐竞驶的行为属于危险驾驶罪中的"情节恶劣"，应当成立危险驾驶罪。

【案例 54】中国刑事审判指导案例疑案争鸣

被告人赵某购买一辆无牌证重型自卸货车后，雇佣无驾驶资格的被告人典某从事交通运输经营。2012 年一天，典某驾驶货车行驶在某路段时，与同向行驶被害人李某驾驶的摩托车发生交通事故，致李某当场死亡。典某弃车逃逸，在逃逸途中将事故情况电话告知了赵某。赵某赶到现场后将肇事货车开离现场逃逸。当地交警支队认定典某负此事故的全部责任。

问：简要分析赵某是否构成交通肇事罪？是否构成帮助毁灭证据罪？

【参考答案】根据司法解释，单位主管人员、机动车辆所有人或者机动车辆承包人指使、强令他人违章驾驶造成重大交通事故，以交通肇事罪定罪处罚。本案中，赵某作为机动车所有人，雇佣无驾驶资格的被告人典某从事交通运输经营，可以评价为"指使他人违章驾驶"，典某肇事致一人死亡，赵某构成交通肇事罪。

赵某赶到现场后将肇事货车开离现场逃逸，不构成帮助毁灭证据罪。由于赵某本人也是交通肇事罪的主体，其隐匿车辆的主观目的是使本人免受处罚，只是其构成交通肇事罪的后续行为，而不仅仅是为了使典某免受刑事处罚，从刑法原理来讲，犯罪人犯罪后隐匿自己的犯罪证据，属于欠缺期待可能性的行为，不应当构成犯罪。

【考点小结】交通肇事罪

违反交通运输管理法规，因而发生重大交通事故，致人重伤、死亡或者使公私财产遭受重大损失。

1. 交通肇事罪基本情形

主观责任		客观后果	法定刑
完全或主要责任	类型 1	①死亡 1 人以上或 ②重伤 3 人以上或 ③造成公私直接财产损失 30 万以上并无力赔偿	3 年以下有期徒刑或者拘役
	类型 2	重伤 1 人 + ①酒后、吸毒后驾驶②无驾驶资格③明知车况不良④明知是无牌证、报废车辆 ⑤严重超载⑥肇事后逃逸	
同等责任		死亡 3 人以上	

2. **交通肇事罪加重情形**

（1）一级加重，即"交通运输肇事后逃逸"的基本要件：

① 逃逸前的行为已经构成交通肇事罪；

② 行为人明知发生了交通事故；

③ 逃逸的目的："为逃避法律追究"。

（2）二级加重，即"因逃逸致人死亡"的基本要件：

① 发生了交通事故（不需要构成交通肇事罪）；

② 行为人为什么逃？ – 为逃避法律追究；

③ 被害人为什么死？ – 因得不到及时救助。

【总结】"逃逸致人死亡"

		逃逸→没有得到及时救助而死	"逃逸致人死亡"
被害人 事后 死亡	误以为当场死亡	将"尸体"带离事故现场后隐藏或者遗弃→没有得到及时救助而死	
		将"尸体"扔进河水→淹死	过失致人死亡罪（可与前面的交通肇事罪数罪并罚）
	明知当场未死	逃逸→没有得到及时救助而死	"逃逸致人死亡"
		将被害人带离事故现场后隐藏或者遗弃→没有得到及时救助而死	（不作为）故意杀人罪①
		倒车再轧或者拔刀捅杀	故意杀人罪（可与前面的交通肇事罪数罪并罚）

---

① 此时属于交通肇事罪（因逃逸致人死亡）与故意杀人罪的想象竞合，直接以故意杀人罪论处。将被害人隐藏或者遗弃的行为制造了更加严重的危险，只要行为人及时将被害人带回就可以消除危险，刑法处罚的是其不消除危险的行为，即将被害人隐藏或者遗弃的行为，不是杀人行为本身，而是不作为的先行行为。因此属于不作为故意杀人罪。

第十一章　破坏社会主义市场经济秩序罪

【案例 55】 甲抢劫了丙的一张储蓄卡及身份证。甲回家后将丙的储蓄卡和身份证交乙保管，声称系从丙处所借。乙未与甲商量，通过丙的身份证号码试出储蓄卡密码，到商场刷卡购买了一件价值两万元的皮衣。

问：如何评价乙的行为？

【参考答案】 乙的行为成立信用卡诈骗罪。

根据《刑法》第 196 条的规定，冒用他人信用卡的，构成信用卡诈骗罪。

本案中，乙明知该信用卡是丙的，仍然以信用卡持卡人的名义对信用卡进行使用（到商场刷卡消费），属于冒用他人信用卡的行为，成立信用卡诈骗罪。

【案例 56】 陈某因没有收入来源，以虚假身份证明骗领了一张信用卡，使用该卡从商场购物 10 余次，金额达 3 万余元，从未还款。

问：陈某的行为如何定罪？

【参考答案】 陈某的行为应认定为信用卡诈骗罪。

根据《刑法》规定，使用虚假的身份证明骗领信用卡的，成立妨害信用卡管理罪；使用骗领的信用卡，骗取财物构成信用卡诈骗罪。

本案中，陈某以虚假身份证明骗领信用卡触犯了妨害信用卡管理罪，使用以虚假的身份证明骗领的信用卡，数额较大，构成信用卡诈骗罪，二者具有手段行为与目的行为的牵连关系，从一重罪论处，应认定为信用卡诈骗罪。

【案例 57】 2012 年 12 月至 2013 年 1 月间，王某至其所在的无锡市某太阳能有限公司前台翻阅邮件，查看是否有本人申领的银行信用卡时，发现有其同事被害人任某（已辞职）的浦发银行信用卡邮件，便趁前台工作人员不备，将邮件带走。随后，王某通过拨打银行服务电话，提供信件中银行卡卡号、初始密码及身份资料等信息将该信件内银行卡激活后，伙同被告人顾某先后冒用该卡在商场刷卡消费共计人民币 11900 元。

问：关于本案，王某的行为是否属于《刑法》第 196 条中盗窃信用卡并使用成立盗窃罪的情形？

【参考答案】 王某的行为成立信用卡诈骗罪。王某虽然窃取他人信用卡，但该卡并未激活，尚不具备信用卡具有的消费、提取现金等支付功能，属于广义上的无效卡范畴，故盗窃未激活的信用卡超出了《刑法》第 196 条第 3 款规定的"信用卡"外延，不应当成立盗窃罪。

王某真正取得财物是通过激活信用卡并使用的行为，故属于冒用他人信用卡的情形，应当以信用卡诈骗罪论处。

【考点小结】 信用卡诈骗罪

第一部分：根据《刑法》第 196 条的规定，信用卡诈骗罪的具体方式包括：

1. 使用伪造的信用卡或者使用以虚假的身份证明骗领的信用卡；

"使用"，是指按照信用卡的通常使用方法，将伪造的信用卡作为真实有效的信用卡予以利用。将伪造的信用卡予以出售的行为不属于使用。

此外，使用"变造的信用卡"（如磁条内的信息被变更的信用卡）的，应认定为使用伪造的信用卡。

2. 使用 作废的 信用卡；（"使用"，同样是按照信用卡的通常使用方法加以使用。）

3. 冒用 他人 信用卡；

"冒用"，是指非持卡人以持卡人名义使用合法持卡人的信用卡进行骗取财物的行为。包括：

①拾得他人信用卡后使用的；

②骗取他人信用卡后使用的；

③窃取、收买、骗取或者以其他非法方式获取他人信用卡信息资料，并通过互联网、通讯终端等使用等；

4. 恶意透支；根据相关司法解释，持卡人以非法占有为目的，超过规定限额或者规定期限透支，并且经发卡银行两次有效催收后超过 3 个月仍不归还的，应当认定为恶意透支。

"有效催收"，需要同时符合下列条件：

①在透支超过规定限额或者规定期限后进行；

②催收应当采用能够确认持卡人收悉的方式，但持卡人故意逃避催收的除外；

③两次催收至少间隔三十日；

④符合催收的有关规定或者约定；

【例如】持卡人在透支时具有归还本息的意思（善意透支），但透支后产生了不再归还本息的想法，并且经发卡银行催收后仍不归还。是否成立信用卡诈骗罪？

【答】不成立信用卡诈骗罪。因为"经发卡银行催收后仍不归还"属于客观处罚条件，其适用以行为已经构成犯罪为前提，但该行为原本不符合信用卡诈骗罪的成立条件，故不成立信用卡诈骗罪。

第二部分：法律及司法解释的特别规定

1. 盗窃信用卡并使用的，定 盗窃罪

① "使用"

A. 本人使用；

B. 利用不知情的第三人使用；

C. 按照信用卡通常的方法使用（不包括出售）；

② 明知是他人盗窃的信用卡而使用的，也成立盗窃罪；

【例如】甲盗窃信用卡后交给乙，乙知道真相而使用的。乙虽然没有就盗窃信用卡与甲通谋，但既然乙在使用时明知信用卡为甲盗窃所得，那么，就应认为乙使用甲盗窃的信用卡的行为，是甲"盗窃信用卡并使用"的重要部分。因此，乙与甲构成《刑法》第 196 条第 3 款所规定的盗窃罪的共同正犯。

2. 抢劫信用卡并使用的，定 抢劫罪

① 数额认定：以行为人实际使用、消费的数额为抢劫数额；

② 抢劫信用卡并以实力控制被害人，当场提取现金的，成立抢劫罪；

③ 一方抢劫信用卡后控制被害人，知情的另一方帮助取款的，成立抢劫罪共犯；

3. 拾得信用卡并在 ATM 机上使用，定 信用卡诈骗罪

第三部分：如果取得信用卡后 未使用

抢劫			抢劫罪（不计数额，根据情节定罪）
骗取、捡拾、侵占、抢夺、勒索		未使用	一般不定罪
窃取	普通方式窃取		如果取得信用卡数量较大： 妨害信用卡管理罪
	以"入户、携带凶器、扒窃"的方式窃取		盗窃信用卡的行为值得单独评价，成立 盗窃罪

1. 抢劫信用卡 未使用 的，成立抢劫罪。

2. 骗取、捡拾、侵占、抢夺、勒索信用卡后 未使用 的，一般不定罪；如果取得的信用卡数量较大的成立妨害信用卡管理罪。

3. 以普通方式窃取信用卡后 未使用 的，一般不定罪；如果窃取的信用卡数量较大的成立妨害信用卡管理罪。

4. 以"入户、携带凶器、扒窃"的方式窃取信用卡，即使 未使用 的，也成立盗窃罪（盗窃信用卡的行为值得单独评价）。

第四部分：利用"信用卡的信息资料"骗取财物

窃取、收买、骗取或者以其他非法方式获取他人信用卡信息资料，并通过互联网、通讯终端等使用，成立信用卡诈骗罪。

第十二章 侵犯公民人身权利、民主权利罪

第一节 侵犯生命、健康的犯罪

【案例58】陈某某日开车途中，因为接听电话，错把刹车当油门，将一路人撞成重伤。陈某下车查看，发现四下无人随即把路人抱到后备箱，将其带至荒山中遗弃。随后驾车离去返回家中。后查明路人因得不到救治失血过多死亡。

问：根据上述事实，分析陈某的行为构成何罪，并说明理由。

【参考答案】陈某构成故意杀人罪。

根据《最高人民法院关于审理交通肇事刑事案件具体应用法律若干问题的解释》的规定，行为人在交通肇事后为逃避法律追究，将被害人带离事故现场后隐藏或者遗弃，致使被害人无法得到救助而死亡或者严重残疾的，应当分别依照《刑法》第二百三十二条、第二百三十四条第二款的规定，以故意杀人罪或者故意伤害罪定罪处罚。陈某在交通肇事后，将被害人遗弃到荒山中，使被害人得不到救治死亡，此时直接以故意杀人罪论处。

【案例59】张某在上海得知，老家很多人娶不上老婆，于是萌生拐卖妇女到老家出卖的念头。于是张某联系熟人王某，两人共谋，由张某负责行骗，王某负责运送。后张某以免费美容按摩为名，将一女子骗至足浴店，将其迷晕捆绑后由王某开车带走。结果在中途休息时，女子醒过来将自己解绑并将王某打晕，趁机逃走。

问：分析张某与王某的行为构成何罪，以及犯罪形态，并说理理由。

【参考答案】张某与王某构成拐卖妇女罪既遂。根据《刑法》规定，拐卖妇女是指以出卖为目的，有拐骗、绑架、收买、贩卖、接送、中转妇女的行为之一的。因此，只要是以出卖为目的，实施上述行为之一，即构成拐卖妇女罪。

张某与王某以出卖为目的，拐骗、接送妇女，即使没有出卖妇女，也构成拐卖妇女罪既遂。

【案例60】乐某（女）有多年吸毒史，曾因吸毒被行政处罚。2011年1月乐某生育一女，2012年3月乐某再生育一女乙，乐某依靠社区发放的救助和亲友、邻居的帮扶，抚养两个女儿。乐某因沉溺于毒品，疏于照料女儿。2013年4月底的一天下午，乐某将两幼女置于其住所的主卧室内，留下少量食物、饮水，用布条反复缠裹窗户锁扣并用尿不湿夹紧主卧室房门以防止小孩跑出，之后即离家不归。2013年6月21日，社区民警至乐某家探望时，通过锁匠打开房门后发现甲、乙已死于主卧室内。经法医鉴定，两被害人因脱水、饥饿、疾病等因素衰竭死亡。

问：简要分析乐某的刑事责任。

【参考答案】客观上，被告人乐某身为两被害人的生母，对被害人负有法定的抚养义务，却不抚养、不照料并断绝二被害人获取外援的可能性，最终致使二人死亡；主观上，乐某明知将两名年幼的孩子留置在封闭房间内，在缺乏食物和饮水且无外援的情况下会饿死，仍离家一

个多月，不回家照料女儿，具有放任两女儿死亡的故意。综上所述，乐某构成不作为的故意杀人罪。

【案例61】王某（女）某日在回家中路上，遇到了爱而不得的初恋陈某，陈某行色匆匆，神色有异，王某怀疑陈某做了什么坏事，就一路尾随至陈某家中。原来陈某将一4岁男孩绑架到废弃工厂，并向男孩父亲勒索财物。由于男孩哭闹不止，陈某便打算将男孩杀害，外出购买老鼠药，返回时看到王某，想让王某帮其动手，于是对王某说，你帮我把这个孩子杀了，我就娶你，王某同意。最后，陈某将老鼠药混在水中，由王某喂让男孩喝下，男孩中毒身亡。

问：分析王某的行为构成什么罪，并说明理由？王某与陈某是否成立共同犯罪？

【参考答案】陈某构成绑架罪，王某构成故意杀人罪。

我国《刑法》第239条规定，绑架过程中杀害被绑架人的，定绑架罪一罪，处无期徒刑或者死刑，并处没收财产。

陈某以向男孩父亲勒索财物的目的将男孩绑架，已经构成了绑架罪既遂，绑架后杀害被绑架人，以绑架罪一罪论处；王某没有参与绑架行为，但实施杀人行为，成立故意杀人罪，但根据"部分犯罪共同说"，二人就相同的故意杀人罪部分，成立共同犯罪。

【案例62】武某（男）关某（女）生育一男孩，后因孩子经常生病，夫妻二人对于这样的生活不胜其烦，于是决定将孩子送人。于是，武、关二人找到医院护士乔某，让其帮忙联系。乔某辗转联系到了王某。王某与关某电话联系后约定付给关某26000元。后王某联系到下家蔡某。蔡某、王某来到关某家抱孩子，武某、关某未对王某、蔡某做任何了解，就直接将出生仅4个月的孩子交给二人，收取二人交付的26000元。

问：武某、关某的行为如果定性？

【参考答案】武某、关某构成拐卖儿童罪。

武某、关某在不了解对方基本条件的情况下，不考虑对方是否具有抚养目的以及有无抚养能力等事实，为收取明显不属于营养费的巨额钱财，将孩子送给他人，足见二人具有非法获利目的，即把子女当作商品，把收取的钱财作为出卖子女的身价。二人的行为属于出卖亲生儿子的行为，应当以拐卖儿童罪论处。

【案例63】《刑事审判参考》指导案例第746号

被告人刘某与秦某（男，殁年49岁）系夫妻关系。秦某因患重病长年卧床，一直由刘某扶养和照料。2010年11月8日3时许，刘某在其暂住地北京市朝阳区十八里店乡某号院出租房内，不满秦某因病痛叫喊，影响他人休息，与秦发生争吵，后刘某将暂住地存放的敌敌畏提供给秦某，并用言语刺激，诸如："该死的相""你不是想死吗？倒点药，看你喝不喝"，后秦某服毒，刘某未予理睬，秦某身亡

问：请分析刘某的刑事责任。

【参考答案】刘某构成不作为故意杀人罪。本案刘某有两个行为：

第一，刘某用言语刺激被害人，加重被害人自杀的想法，并将农药拿给被害人，属于帮助他人自杀，即在他人已有自杀意图的情况下，帮助他人实现自杀意图。自杀行为本身不构成犯罪，那么帮助自杀行为是否构成犯罪，则有不同观点：

观点1：根据"共犯从属性说"，正犯（自杀）行为不具有可罚性，则帮助犯也不具有可罚性，刘某行为无罪；

观点2：根据"共犯独立性说"，帮助行为本身就具有独立的可罚性，因此即便正犯本身不构成犯罪，帮助者也构成犯罪，刘某成立故意杀人罪的帮助犯。

第二，在被害人秦某服毒后，刘某作为配偶有义务救助而未采取任何救助措施救助，导致

秦某死亡，刘某的不作为与秦某的死亡之间具有因果关系，刘某构成不作为的故意杀人罪。

综上所述，无论刘某的第一个行为是否能够评价为故意杀人罪的帮助犯，刘某的第二个行为都可认定为不作为的故意杀人罪，刘某最终应当以不作为的故意杀人罪承担刑事责任。

【案例 64】 《刑事审判参考》指导案例第 728 号

2008 年 8 月下旬，被告人吕某、黄某商议拐卖儿童赚钱，黄某提议偷盗其邻居黄甲（被害人，女，殁年 26 岁）夫妇的男婴黄乙（2008 年 1 月 4 日出生）贩卖，如果被发现就使用暴力抢走孩子。二人为此进行了踩点，并购买了撬门的工具和行凶的匕首、啤酒瓶等物。9 月 2 日 3 时许，黄某骑摩托车载吕某至黄甲家屋外，由黄某在屋外接应，吕某从屋顶潜入黄甲家，潜入黄甲、黄乙卧室时，被黄甲发现。黄甲喊叫，吕即捂住黄的嘴，并用啤酒瓶砸黄，在未砸中后又用拳头殴打黄。睡在隔壁的黄甲的奶奶戴某（被害人，殁年 75 岁）听到动静过来与吕某搏斗，吕将戴推倒在地。后吕某见不能制伏被害人，便拔出匕首朝黄甲颈部捅刺一刀，并推倒黄甲，抱着婴儿准备逃离。当发现戴某坐在地上盯着其看，便又持匕首朝戴颈部捅刺一刀。黄甲、戴某因颈部动脉横断致失血性休克死亡，吕某、黄某带着黄乙逃离现场后，将黄乙以 37000 元的价格卖给了他人。破案后，黄乙被解救。

问：请分析吕某、黄某的刑事责任。

【参考答案】 吕某应当以拐卖儿童罪（造成被拐卖儿童亲属死亡）与故意杀人罪，数罪并罚。首先，吕某以出卖为目的，通过暴力手段抢走婴儿，成立拐卖儿童罪。其中，吕某为了制止婴儿母亲黄甲的反抗，持刀将其杀害，属于拐卖儿童的手段行为导致儿童亲属死亡，应当评价为拐卖儿童罪的结果加重犯，即造成被拐卖儿童亲属死亡的情形；后将婴儿外曾祖母杀害的行为并不属于拐卖婴儿的手段行为，而是防止罪行败露的凶杀行为，构成故意杀人罪。应当两罪并罚。

黄某吕某应当以拐卖儿童罪的（造成被拐卖儿童亲属死亡）定罪处罚。客观上，二人共谋的行为是以暴力强抢儿童，该行为本身即具有致人死亡的高概率风险，黄某对于吕某进屋可能导致室内人员伤亡的概括结果也具有预见可能性，因此黄某应当对户内人员的死亡结果承担责任，认定黄某的拐卖行为导致了被拐卖儿童亲属死亡的严重后果，即拐卖儿童造成被拐卖儿童亲属死亡。

【案例 65】 《刑事审判参考》指导案例第 507 号

被告人王甲、王乙二人在北京市丰台区开业经营东北饺子王饭馆，饭馆的员工都是东北老乡，有何某、马某等人。2006 年 10 月 6 日中秋节晚上，在饭馆门前王甲组织员工一起吃饭喝酒。同时，在东北饺子王饭馆斜对面经营休闲足疗中心的朱某也在同老乡胡某、李某、郭某、邱某、周某等人一起吃饭、喝酒。10 月 7 日 2 时许，王甲因被害人胡某用脚猛踢路边停车位的牌子声响很大而与胡某发生口角。胡某感觉自己吃亏了，对王甲等人大喊"你们等着"，就跑回足疗中心。王甲见胡某跑回去，怕一会儿他们来打架吃亏，就到饭馆厨房拿了一把剔骨尖刀，何某从厨房拿了两把菜刀，马某拿了一把菜刀。在准备好后，王乙对员工讲"咱们是做生意的，人家不来打架，咱们也别惹事，他们要是来打，咱们就和他们打"。胡某回到足疗中心对朱某等人说外面有人打他，去厨房拿了一把菜刀出去和王甲等人打架，朱某等人也分别拿炒菜铁铲、饭勺等东西一同出去打架。王甲等人见对方六七个人手持武器过来了，也就携刀迎上去。王乙先进行劝阻、说和，被对方围起来打，后双方打在一起。王甲被胡某用菜刀砍伤左小臂（轻微伤）、王甲持剔骨尖刀砍伤胡某左臂（轻微伤）、李某左臂及左前胸（轻伤），胡某、李某受伤后跑回足疗店。王甲又和朱某对打，朱某持炒菜铲子砍伤王甲左前额，王甲持剔骨尖刀扎入朱某右胸背部，朱某受伤后也跑回足疗店。胡某等人跑回足疗店后，看朱某后背流血很多，遂从足疗店出来去医院。此时，站在饭馆门口的王甲等人看到后，马某说："他们出来了，去砍他们去"，马某持菜刀砍伤周某腰部，王甲持刀砍伤郭某的头部二处，致其轻微伤。后民警接报警赶至现场及时制止了王甲一方的追打行为。朱某因被尖刀扎伤右胸背部，深达胸腔，造成右肺破裂，致急性失血性休克，经抢救无效死亡。

问：对被告人王甲等人的行为，是认定为故意伤害罪，还是聚众斗殴罪或者寻衅滋事罪？

【参考答案】王甲、马某、王乙、何立伟构成故意伤害罪（致人死亡）。

本案最初是由被害人一方的胡某脚踢牌子引发的，在事情最初，被告人一方并无积极主动的挑衅行为，因此，不构成寻衅滋事罪。同样，纵观整个事件的发展，被告人一方也并无明显的参与斗殴的主动性，被告人王乙不仅没有要求自己的员工主动斗殴，反而两次劝阻王甲等人。因此被告人主观上并无报复、争霸等流氓动机，因此，不构成聚众斗殴罪。

在胡某等人跑回足疗店后又准备前往医院时，被告人一方并未受到挑衅或威胁等，由马某带领，四被告人持刀将被害人砍伤，后因失血性休克死亡。此时，从被告人使用的凶器、攻击的手段来看，伤害的故意已经十分明显，因此，四被告人构成故意伤害罪。

第二节　侵犯性的决定权的犯罪

【案例66】骆某使用化名，通过QQ软件将13岁女童小羽加为好友。骆某通过言语恐吓，向其索要裸照。在被害人拒绝并在QQ好友中将其删除后，骆某又通过小羽的校友对其施加压力，再次将小羽加为好友。同时骆某还虚构"李某"的身份，注册另一QQ号并添加小羽为好友。之后，骆某利用"李某"的身份在QQ聊天中对小羽进行威胁恐吓，并继续施压。小羽被迫按照要求自拍裸照十张，通过QQ软件传送给骆某观看。小羽向公安机关报案，骆某被抓获。

问：骆某成立何罪？属于何种停止形态？

【参考答案】骆某构成猥亵儿童罪，属于本罪的既遂形态。

骆某以满足性刺激为目的，虽未直接与被害儿童进行身体接触，但是通过QQ等网络软件，以威胁、强迫或者其他方法要求儿童拍摄、传送暴露身体的不雅照片，行为人通过画面看到被害儿童裸体、敏感部位，是对儿童人格尊严和心理健康的严重侵害，与实际接触儿童身体的猥亵行为具有相同的社会危害性，应当认定构成猥亵儿童罪。

骆某获得并观看了儿童裸照，猥亵行为已经实施终了，应认定为犯罪既遂。

【案例67】李某系日照市岚山区中楼镇月庄村村民。2014年某日下午，李某得知同村女青年王某独自在家，产生强奸念头。当日19时许，李某打开王某家的大门后进入，王某发现李某后喊叫。李某将王某摔倒，并用石块、手电筒、拳头击打其头部，后掐其颈部，致王某昏迷。随即，李将王某抱至堂屋床上强奸。强奸后李某发现王某已死亡，遂将其尸体藏于现场地窖内。经鉴定，王某系被他人用质地较硬的钝器打击头部致严重颅脑损伤而死亡。

问：王某的行为以强奸罪一罪论处还是以强奸罪、故意杀人罪数罪并罚。

【参考答案】王某属于强奸罪的结果加重犯，即强奸致人死亡。强奸罪中，行为人使用暴力目的是压制被害人的反抗，使其奸淫得逞，本案中，李某使用的暴力并未立刻导致被害人死亡，并在被害人丧失反抗能力，但未死亡时实施奸淫行为，此时先前的暴力行为仍属于强奸的方法行为，王某死亡的结果系强奸罪的方法行为导致，行为人对被害人死亡的结果持间接故意心态，属于刑法规定的强奸致人死亡的情形。

【案例68】某晚，高某路过某中学附近看到程某（女，17岁）独行，即上前搭讪，后将其强行带至某桥洞下斜坡处，并采用语言威胁、铁棍敲打、卡喉咙等暴力手段欲对程某实施强奸，因遭到程某反抗而未果。程某在逃离过程中滑落河中。高某看到程某在水中挣扎，明知程某处于危险状态而不救助，并逃离现场。后程某溺水死亡。

问：评价高某的刑事责任。

【参考答案】高某先是违背程某意志，对其实施暴力行为意欲强行与其发生性关系，只是因被害人强烈反抗而最终没有得逞，故应当认定为强奸罪未遂。

高某在程某落入水中时，负有采取有效措施救助程某的特定义务。高某未采取任何措施救助被害人，最终导致程某溺水身亡构成不作为的故意杀人罪。因此高某应当以强奸罪（未遂）与不作为故意杀人罪，数罪并罚。

【案例69】《刑事审判参考》指导案例第128号

2000年5月16日下午，张某、施某强行将被害人曹某（女，21岁）带至某宾馆，进入以施某名义租用的客房。张某、施某等人使用暴力、威胁等手段，强迫曹某脱衣服站在床铺上，并令其当众小便和洗澡。随后，张某对曹某实施了奸淫行为；被告人施某见曹某有月经，未实施奸淫，而强迫对曹某进行了猥亵。之后，施某外出，由张某继续看管曹某。约1小时后，施某返回客房，张某和施某等人又对曹某进行猥亵。

问：请分析张某、施某的刑事责任。

【参考答案】张某、施某构成强奸罪、强制猥亵妇女罪。本案可分为两个阶段：

第一阶段：张某以暴力、胁迫的手段对被害人进行了奸淫，施某虽因被害人有月经而未奸淫，但因其与张某系共同犯罪，张某完成强奸后，共同犯罪结果已然产生，施某不成立犯罪中止，二人构成强奸罪既遂。

第二阶段：张某、施某等返回后对被害人的猥亵行为是在强奸行为之后发生的，与前强奸行为具有明显的阶段区分，并非强奸行为所附带的猥亵行为，因此应单独成立强制猥亵妇女罪。

综上，二被告人成立强奸罪（既遂）和强制猥亵妇女罪，数罪并罚。

【案例70】最高人民检察院指导案例9号

齐某为某小学教师，在担任班主任期间两年来，利用午休、晚自习及宿舍查寝等机会，在学校办公室、教室、洗澡堂、男生宿舍等处多次对被害女童A（10岁）、B（10岁）实施奸淫、猥亵，并以带A女童外出看病为由，将其带回家中强奸。齐某还在女生集体宿舍等地多次猥亵被害女童C（11岁）、D（11岁）、E（10岁），猥亵被害女童F（11岁）、G（11岁）各一次。后被家长举报，齐某被抓。

问：齐某是否符合强奸罪中奸淫幼女"情节恶劣"情形？是否属于"公共场所当众"猥亵儿童的情形，说明理由。

【参考答案】齐某利用教师身份，多次强奸两名幼女，犯罪时间跨度长。本案发生在校园内，对被害人及其家人伤害非常大，对其他学生造成了恐惧。齐某的行为具备两高、两部《关于依法惩治性侵害未成年人犯罪的意见》第25条规定的多项"更要依法从严惩处"的情节，综合评判应认定为"情节恶劣"。

齐某的行为属于在"公共场所当众"猥亵儿童。行为人在教室、集体宿舍等场所实施猥亵行为，只要当时有多人在场，即使在场人员未实际看到，也应当认定犯罪行为是在"公共场所当众"实施。

第三节　侵犯自由的犯罪

【案例71】甲乙合谋绑架钱某的14周岁的小孩，甲找到丙，骗丙使其相信钱某欠债不还，丙答应控制钱某的小孩以逼钱某还债，丙按照甲所给线索将钱某的小孩骗到自己的住处看管起来。

　　问：丙的行为成立何罪？甲、乙、丙是否成立共同犯罪？

【参考答案】丙构成非法拘禁罪。甲、乙成立绑架罪，甲乙丙在非法拘禁罪的范围内成立共犯。绑架罪中包含非法拘禁的内容，即扣押、拘禁被绑架人。根据"部分犯罪共同说"，只要行为具有重合的部分，且就重合的部分具有共同的故意，即可在重合的范围内成立共同犯罪。

　　丙哄骗小孩离开父母，并实力控制，是出于非法剥夺他人人身自由目的而实行的行为，所以构成非法拘禁罪；丙对于甲、乙实施绑架犯罪不知情，所以不成立绑架罪；甲、乙、丙在非法拘禁罪范围内构成共同犯罪。

【案例72】孙某的爷爷在赶集卖羊时，被两人用1000元假币骗买4只羊。孙某得知此事后，四处寻找买羊人。一日，孙某遇见驾驶机动三轮车贩羊的潘某、高某，遂驾驶奥拓车将二人强行截下，结果奥拓部分损毁。经孙某的爷爷指认，潘某、高某就是用假钱买羊的人，但二人予以否认。孙某将二人扣留，与姚某采取殴打等手段，向二人索要现金4000元，其中修车费3000元和假钱赔偿款1000元。当日19时许将潘某放回筹钱，之后孙某等被公安人员当场抓获。据查，孙某为修车实际支出2850元。

　　问：孙某的行为成立何罪？

【参考答案】孙某的行为成立非法拘禁罪。

　　根据《刑法》第238条规定以及相关的司法解释，为索取债务非法拘禁他人的，构成非法拘禁罪。孙某等人对于潘某、高某二人实施强行截下、殴打和扣留等行为，是为了索要修车费3000元1000元的假钱赔偿款，孙某对这两笔钱或许在民法上没有合法的债权，但是在刑法上可以认为孙某没有非法占有他人财物的意图，只是为了获得必要的赔偿，可以认定为为索取债务，而拘禁扣押他人，成立非法拘禁罪。

【案例73】2016年，张某（女）从老家来到上海，经营一家足浴店，雇佣店员3人，以沐足、按摩为名，进行卖淫活动。后张某在老家经人介绍认识谢某，将谢某带回其足浴店。谢某2001年出生，从小智力发育低下，从其语言、长相即可看出属于智力残疾，经过司法鉴定，谢某无性防卫能力。张某向客人陈某说，可以和谢某玩，她什么都不懂，之后陈某多次与谢某发生性行为。

　　问：分析张某和陈某的行为是否构成犯罪，并说明理由。

【参考答案】张某构成组织卖淫罪和强奸罪，陈某构成强奸罪。

　　根据《最高人民法院、最高人民检察院关于办理组织、强迫、引诱、容留、介绍卖淫刑事案件适用法律若干问题的解释》的规定，以招募、雇佣、纠集等手段，管理或者控制他人卖淫，卖淫人员在三人以上的，应当认定为《刑法》第三百五十八条规定的"组织他人卖淫"。张某雇佣三人在其足浴店卖淫，构成组织卖淫罪。

　　陈某明知谢某智力残疾，仍然与其发生性行为，属于违背妇女意志与其发生性行为，成立强奸罪。张某虽为女性，但是教唆陈某强奸，成立强奸罪的教唆犯。

【案例74】《刑事审判参考》指导案例第 157 号

1997 年 12 月 19 日，被告人颜某、杨某与孙某签订了购船合同。按合同约定，船价 204600 元，定金 35000 元，半个月内付清其余款项。颜某、杨某当即交付定金 35000 元。到了 1998 年 1 月 4 日，颜某、杨某未能付清船款，杨某又与孙某另签协议，再交付现金 40000 元，并口头保证，如在 1998 年 1 月 28 日前不能付清船款，情愿 75000 元不要。颜某只知杨某付给孙某 40000 元，但对杨某的口头保证并不知情。到期后，颜某和杨某仍未付清船款，孙某遂将船卖给了他人。此后颜某、杨某多次找孙某协商退款之事，并找到中间人胡某出面说情，孙某只同意退还 50000 元，但颜某、杨某不同意。后孙某付给中间人胡某 30000 元，让其转交颜某、杨某两人，胡某得款后没有转交，颜某、杨某也不知情。颜某与杨某在多次索款无望的情况下，伙同被告人杨甲，于 1998 年 9 月 10 日凌晨，租车到孙某家，爬墙入院，踢门入室，捆住孙某之妹孙甲的手脚，强行将孙某之子孙乙（1 周岁）抱走，并向孙某索要 75000 元。颜某、杨某此时方得知胡某将孙某退还的 30000 元截留。1998 年 10 月 23 日，孙某在付给颜某 45000 元的情况下，才将孙乙赎回。

问：请分析颜某、杨某的刑事责任。

【参考答案】颜某、杨某构成非法拘禁罪与拐骗儿童罪的想象竞合犯，择一重罪论处

根据刑法规定，为索取债务非法扣押、拘禁他人的，成立非法拘禁罪。本案中，被告人扣押孙某幼子的行为，在主观方面，的确是出于索取 75000 元"债务"的目的，尽管这种"债务"可能不会得到法律的支持，但被告人在行为时确实认为这种"债务"是客观、理所应当存在的，且事实上也是一直认为并主张这 75000 元应归其所有，并没有凭空非法占有他人财产的故意内容。因此，两被告人的行为构成非法拘禁罪。

同时，颜某与杨某在多次索款无望的情况下，伙同被告人杨甲，于 1998 年 9 月 10 日凌晨，租车到孙某家，爬墙入院，踢门入室，捆住孙某之妹孙甲的手脚，强行将孙某之子孙乙（1 周岁）抱走，该行为同时触犯了拐骗儿童罪。

颜某、杨某的一个行为，同时构成非法拘禁罪与拐骗儿童罪的想象竞合犯，择一重罪论处。

【考点小结1】 非法拘禁罪

1. 实行行为：非法剥夺他人身体自由的行为。

2. 非法拘禁过程中发生重伤、死亡的结果的情形

非法拘禁过程中发生 重伤、死亡 的结果的情形

（1）非法拘禁 所需的 基本暴力致使发生重伤、死亡，属于非法拘禁罪的 结果加重犯 。

例如在捆绑过紧导致血流不畅，脑供血不足而死亡。适用《刑法》第 238 条第 2 款的规定，致人重伤的，处三年以上十年以下有期徒刑；致人死亡的，处十年以上有期徒刑。

（2） 超出 非法拘禁所需的基本暴力导致重伤、死亡结果，直接拟制为 故意伤害罪 、 故意杀人罪 。

例如将被害人捆绑起来，并用棍棒教训被害人，不慎将其打死，就是使用了超出非法拘禁本身所需的基本暴力，而过失致人死亡的情形，直接拟制为故意杀人罪。

（3）在非法拘禁过程中 另起犯意 ，又实施伤害、杀害的行为的，非法拘禁罪与故意伤害罪、故意杀人罪 数罪并罚 。

	总结	行为	结果	主观
（1）	"致人重伤、死亡" 【结果加重犯】	非法拘禁 本身 的暴力	重伤、死亡	过失
（2）	"使用暴力致人伤残、死亡" 【法律拟制】	非法拘禁 之外 的暴力	重伤、死亡	过失
（3）	另起犯意 【数罪并罚】	独立的新行为	重伤、死亡	故意

【考点小结2】绑架罪

1. 实行行为：使用暴力、胁迫、麻醉的方法劫持、控制他人，向利害关系人勒索财物或者要求利害关系人满足非法利益。

2. 主观要件：故意，并具有勒索赎金或者满足其他方面不法利益的目的。

3. 既遂标准：以勒索财物或取得其他非法利益为目的劫持、控制他人。

4. 结合犯

《刑法》第239条第2款规定："犯前款罪，杀害被绑架人的，或者故意伤害被绑架人，致人重伤、死亡的，处无期徒刑或者死刑，并处没收财产。"即指在绑架行为持续过程中的故意杀人（既遂）、故意伤害致人重伤、死亡的情形，直接认定为绑架罪一罪，属于结合犯。公式如下：

（1）绑架罪 + 故意杀人罪（既遂）= 绑架罪

（2）绑架罪 + 故意伤害（重伤、死亡）= 绑架罪

【问题1】在绑架过程中 故意杀害被绑架人未遂 如何定罪？

（1）导致被害人轻伤

观点1：绑架罪与故意杀人罪（未遂），数罪并罚；

观点2：结合犯（未遂）。

（2）导致被害人重伤

观点1：绑架罪与故意杀人罪（未遂），数罪并罚；

观点2：结合犯（未遂）；

观点3：杀害也是一种伤害，故意杀人可以被评价为故意伤害，故意杀人未遂但是导致重伤的，可以评价为故意伤害致人重伤，因此可以适用《刑法》第239条第2款的规定，"故意伤害被绑架人，致人重伤、死亡的，处无期徒刑或者死刑，并处没收财产。"即绑架罪 + 故意伤害（重伤）= 绑架罪。

【问题2】在绑架过程中 故意伤害被绑架人致人轻伤 如何定罪？

《刑法》第239条第2款没有对此种情形做出规定，因此只能数罪并罚，即绑架罪与故意伤害罪（轻伤），数罪并罚。

5. 绑架罪过程中过失导致重伤、死亡结果

（1）绑架行为 本身 的暴力，致人重伤死亡：绑架罪与过失致人死亡罪，想象竞合，从一重；

（2）绑架行为 之外 的暴力，过失致人死亡：绑架罪与过失致人死亡罪，数罪并罚。

6. 绑架罪与非法拘禁罪的界分

（1）绑架罪与非法拘禁罪之间是法条竞合关系，绑架罪是特别法，非法拘禁罪是一般法，绑架罪在非法拘禁罪的基础上，增加了特殊的目的，即勒索财物或者满足其他方面的非法利益。

（2）在索取债务的场合

①根据刑法及司法解释的规定，为索取债务非法扣押、拘禁他人的，构成 非法拘禁罪 ，其中"债务"既包括合法债务，也包括高利贷、赌债等法律不予保护的债务。

②如果行为人为了索取法律不予保护的债务或者单方面主张的债务，以实力支配、控制被害人后，以杀害、伤害被害人，向利害关系人威胁的，宜认定为 绑架罪 。

③【殃及无辜】行为人为了索取债务，将债务人扣押，向与债务人没有共同财产关系、扶养、抚养关系的第三者索债的，应当认定为绑架罪；或者为了索取债务，将与债务人没有共同财产关系、扶养、抚养关系的第三者扣押，向债务人索债的当认定为 绑架罪 。

第十三章　侵犯财产罪

第一节　暴力、胁迫型

【案例 75】某晚 22 时 30 分许，高某行至某小区，见龚某向其招嫖，遂起意抢劫，高某随龚某来到 35 号楼二楼，在龚的出租房内与龚发生性关系后，持事先准备的弹簧刀威胁龚，劫得龚价值 1091 元的黄金戒指两枚和现金 300 余元。在逃离现场过程中，高某遭到龚某等人抓捕时，持刀朝对方乱挥乱刺，致龚某等人身体多处受伤，后被群众抓获。

问：高某的行为是否属于"入户抢劫"？

【参考答案】本案中，卖淫女出租房兼具卖淫活动场所和家居生活住所的性质。当卖淫女决定在该出租房内接待嫖客时，该出租房实际承载的功能便转化为淫乱牟利的场所，不再具有家庭生活的功能，不是入户抢劫中的"户"。因此，高某嫖娼之时对龚某实行的抢劫行为不是"入户抢劫"。

【案例 76】2016 年 6 月 23 日凌晨 3 点，张某随身携带匕首潜入李某家中，准备实施盗窃。李某家由于刚入住，并未添置值钱物品，张某在翻找之后，没有任何收获，于是准备离开。此时，睡在客厅沙发上的李某突然说梦话，并且手脚挥舞。张某以为李某醒了发现家中有人，为了避免被李某抓住，张某一不做二不休，举起匕首向李某刺去，李某被刺中心脏当场死亡，张某逃出。

问：《中华人民共和国刑法》第 269 条规定："犯盗窃、诈骗、抢夺罪，为窝藏赃物、抗拒抓捕或者毁灭罪证而当场使用暴力或者以暴力相威胁的，依照本法第二百六十三条（即抢劫罪）的规定定罪处罚。"根据事实一，分析张某是否构成抢劫罪，并说明理由。

【参考答案】张某不构成抢劫罪，而是构成盗窃罪和故意杀人罪，数罪并罚。

在盗窃过程中，为窝藏赃物、抗拒抓捕、毁灭罪证而使用暴力的，才能定抢劫罪。张某害怕被抓住，而实施暴力行为，但实际李某并未发现张某的盗窃行为，未反抗，也就不能认定张某为抗拒抓捕，因而不应认定为抢劫罪，应单独认定为故意杀人罪。

故对张某的行为应以盗窃罪和故意杀人罪并罚。

【案例 77】2011 年 8 月 19 日，杨甲、杨乙、吴丙预谋至网吧盗窃手机，并商定购买刀具用于盗窃时防身壮胆。同月 20 日，杨甲、杨乙、吴丙每人携带一把匕首至某市一网吧，由吴丙望风，杨甲拉被害人李某的衣服吸引其注意力，杨乙趁机窃取李某放于电脑桌上的一部苹果牌 4 代手机。随即，李某发现自己手机被窃，追出网吧。此时杨甲、杨乙已乘车逃离，吴丙未来得及逃走即被李某等人拦住，并带回网吧。李某等人欲同吴丙一起查看监控视频，吴丙不肯，既而挣脱逃出网吧。李某等人再次追赶，吴丙遂拿出随身携带的匕首对李某等人进行威胁，随后被赶至的民警抓获。经鉴定，上述手机价值人民币 4037 元。

问：根据《刑法》第 269 条"犯盗窃、诈骗、抢夺罪，为窝藏赃物、抗拒抓捕或者毁灭罪证而当场使用暴力或者以暴力相威胁的，依照本法第二百六十三条的规定定罪处罚。"吴丙的行为应当转化为抢劫罪，那么杨甲、杨乙的行为是否也成立转化型抢劫罪？

【参考答案】根据司法解释，两人以上共同实施盗窃、诈骗、抢夺犯罪，其中部分行为人为窝藏赃物、抗拒抓捕或毁灭罪证而当场使用暴力或者以暴力相威胁的，对于其余行为人是否以抢劫罪共犯论处，主要看其对实施暴力或者以暴力相威胁的行为人是否形成共同故意、提供帮助。

本案中杨甲、杨乙、吴丙三人共谋盗窃，并商定购买刀具用于盗窃时防身壮胆，显然具有在盗窃时用匕首威胁、制服对方以顺利实现犯罪目的，因此在犯罪过程中使用或者不使用匕首均在行为人主观意志范围之内，杨甲、杨乙对吴丙实施盗窃后暴力威胁抗拒抓捕的行为，主观上均具有意思联络和共同故意，客观上亦具有帮助、促进行为，因此杨甲、杨乙应与吴丙共同构成转化型抢劫罪。

【案例78】李某为甲市乙区区长。2007年7月至2008年12月，李某利用职务之便，为A公司承接工程项目等提供帮助。2008年1月，B公司法定代表人奚某等人为谋取非法利益，安排郑某（女）偷拍郑某与李某的性爱视频。同年2月14日，李某与郑某在济元大饭店再次开房时被奚某安排的人当场"捉奸"，假扮郑某男友的张某、扮私家侦探的严某对李某播放了李某与郑某的性爱视频，双方为此发生纠纷。奚某接郑某的电话通知来到饭店后假意协调解决，让李某离开。

2008年2月16日，奚某以张某要闹事为由，以借为名向李某提出"借款"300万元，李某担心不雅视频曝光，在明知其被奚某设局敲诈的情况下，要求A公司法定代表人明某"借款"300万元给奚某的公司。同年2月18日，奚某向A公司出具借条。次日，A公司向B公司转账300万元。同年8月18日，该"借款"期满后，奚某个人及其B公司的账上均有足额资金，但未归还。李某得知奚某未归还后，向明某表示由其本人归还，明某提出不用李某归还，李某予以认可。

问题1：奚某、郑某等以不雅视频相要挟，向李某提出借款要求且还款期满后有能力归还而不归还的行为构成何罪？

【参考答案】奚某、郑某等构成敲诈勒索罪。奚某与郑某共谋后，以非法占有为目的，以被拍摄不雅视频的李某为对象，采用胁迫手段，使李某陷入恐惧心理，并基于恐惧交付财物，完全满足敲诈勒索罪的构成要件。

至于实际交付者是李某还是他人，不影响本罪的认定。

问题2：李某利用职务便利为明某谋取利益，授意明某向奚某出借款项，还款义务最终被明某免除的，是否属于受贿？

【参考答案】李某构成受贿罪。李某利用职务之便为明某谋取了利益。明某"出借"给奚某的钱款是基于李某的要求及其所需，实际等同于"出借"给李某，免除奚某的债务实际等同于免除李某的债务，更何况明某是在李某自揽还款责任后免除，即实质上免除的是李某本人的还款义务。

明某出借300万元以及后来免除该债务都是基于李某的职务影响。明某表示免除债务，李某予以认可时，双方即达成行贿和受贿的合意。因此，李某构成受贿罪。

【案例79】《刑事审判参考》指导案例第433号

2006年10月2日13时许，被告人张某在淮安市开往淮阴的专线车上偶遇中学生戴某（男，1993年3月18日生），戴某到淮阴区汽车北站下车后，张某主动上前搭讪。在了解到戴某的家庭情况后，张某遂产生将戴某带到南京，向戴某家人要钱的想法。随后，张以戴某父亲与人抢劫分赃不均、现有人要将戴父带到南京并以戴某做保障为借口，将戴某哄骗至南京并暂住在南京市鸿兴达酒店。当晚 23 时许，被告人张某外出打电话到戴某家，要求戴家第二天付 8 万元人民币并不许报警，否则戴某将有危险。次日上午，被告人张某又多次打电话到戴家威胁。其间，戴某乘被告人外出之机与家人电话联系，得知其父并无危险。后在家人的指点下离开酒店到当地公安机关求助，淮安警方在南京将被告人张某抓获。

问：请分析张某的刑事责任。

【参考答案】张某构成敲诈勒索罪（未遂）与诈骗罪（未遂）想象竞合，从一重罪论处。

张某客观上对被害人采取欺骗的手段，将被害人骗至宾馆内，向被害人的父母发出威胁，企图敲诈被害人父母的财产，但实际上并未对被害人实施看押，被害人的人身自由并未得到实际剥夺，拐骗被害人仅仅是其敲诈勒索的辅助手段，主观上，张某是出于勒索财物的故意，由于意志以外的原因，未能得逞，张某构成敲诈勒索罪（未遂）；同时张某向被害人父母发出的威胁本身亦是一种欺骗，意欲使被害人父母陷入错误认识，并基于错误认识交付财物，由于意志以外的原因，未能得逞，张某构诈骗罪（未遂），两罪想象竞合，从一重罪论处。

注：张某拐骗 13 周岁的戴某的行为，涉嫌拐骗儿童罪。

【案例 80】《刑事审判参考》指导案例第 571 号

2006 年 3 月初，被告人李某、袁某、胡某、东某预谋绑架被害人石某勒索钱财。袁某以帮助他人讨债为由，纠集被告人燕某、刘甲、刘乙参与作案。同年 3 月 9 日 2 时许，李某、袁某、胡某、燕某、刘甲、刘乙携带事先准备的作案工具，驾车到石某位于天津市静海县的住处，冒充公安人员强行将石某绑架至山东省泰安市山区的一处住房。李某、袁某指派东某留在天津监视石某的家属是否报警，指派燕某、刘甲、刘乙负责就地看押石某。尔后，李某、袁某、胡某分两次向石某的家属勒索赎金人民币 80 万元，均让石某的家属将款打入李某等人事先开立的信用卡账户中。随后，李某、袁某、胡某用该款在秦皇岛、葫芦岛、唐山等地以划卡消费的方式购买大量黄金私分。此外，燕某、刘甲、刘乙在与石某交谈中，得知石某与被告人李某等人根本不存在债务关系。石某请求上述被告人放了自己，并承诺给予好处，上述被告人经商议，将石某放走。其后，燕某、刘乙、刘甲多次打电话向石某勒索钱款，石某因害怕再次遭到他们的报复，便向燕某等人指定的账户内打入人民币 6 万元。燕某、刘乙、刘甲将该款私分。

问：请分析李某、袁某、胡某、东某、燕某、刘甲、刘乙的刑事责任。

【参考答案】李某、袁某、胡某、东某构成绑架罪；燕某、刘甲、刘乙构成非法拘禁罪、敲诈勒索罪，数罪并罚。

李某、袁某、胡某、东某等四人，以绑架索财的犯罪故意，共同将被害人绑架，并向其亲属勒索人民币 80 万元，其行为构成绑架罪。

燕某、刘甲、刘乙等人客观上与李某等人共同实施了绑架被害人的行为，但主观上与李某等人不同，燕某等上述四人是误以为索要债务而实施了非法拘禁行为，后续燕某等四人得知被害人与李某之间并不存在债权债务关系，便释放了人质，进一步说明了燕某等四人与李某不存在共同绑架的犯罪故意，因此，燕某等人应构成非法拘禁罪。燕某、刘乙、刘甲三人将人质释放后，前述非法拘禁行为已经结束，其后的索财行为应单独评价，三人以再次让被害人失去自由相威胁，索要报酬的行为构成敲诈勒索罪。

【案例 81】《刑事审判参考》指导案例第 580 号《虞某强奸、抢劫案》

2018 年 5 月 4 日中午，被告人虞某遭其子殴打后，心里难受，准备找其姐谈心诉苦，因其姐不在家而未果。当日傍晚，虞某到本村村民石甲家喝酒、闲聊至 22 时许，后又至本村村民石某某家，欲与石某某发生性关系，因发现石家有人便离开。虞某随即至本村独居妇女项某某

（被害人，殁年83岁）家房屋后，扒开院墙砖头，撬开厨房后门，进入项某某的卧室，并采取用被子蒙头、卡脖子、捂嘴等暴力手段对项某某实施奸淫，致项某某因外力扼压颈部、口腔致机械性窒息死亡。在强奸过程中，虞某发现项某某戴有一副金耳环（价值人民币513元），即强行扯下，带回家中藏匿。

问：请分析虞某的刑事责任。

【参考答案】虞某构成强奸罪（强奸致人死亡）、抢劫罪（入户抢劫），数罪并罚。

本案中虞某进入被害人卧室，用被子蒙头、卡脖子等方式压制被害人反抗，奸淫了被害人，并导致了被害人死亡这一后果，构成强奸罪，属于强奸罪的结果加重犯，即强奸致人死亡。

在奸淫的过程中临时起意抢走了被害人的耳环，属于在被害人不能反抗的状态下取走财物，构成抢劫罪。根据2016年《最高人民法院关于审理抢劫刑事案件适用法律若干问题的指导意见》，以侵害户内人员的人身、财产为目的，入户后实施抢劫，应当认定为"入户抢劫"。本案中因虞某以实施强奸行为为目的入户，入户后又临时起意实施抢劫的，应当认定为入户抢劫。①

【案例 82】《刑事审判参考》指导案例第581号《龚某等抢劫案》

被告人赵某为主与被告人龚某、刘某、王某等人结伙，在浙江省瑞安市以摆摊摸奖的方式设局诈骗钱财，且事先明确如果"摸奖"的人不愿交出钱款，即围住胁迫对方交付。2008年4月30日早晨，由赵某驾车与龚某、刘某、王某、等人到瑞安市喜多鞋服超市前路边摆摊"摸奖"行骗。被害人陈某"摸奖"发现被骗后不愿交付钱款，龚某、刘某、王某、张飞等人即将陈围住迫使陈某交出了240元人民币。陈某遂从自行车上取下一个装有切料刀具的袋子挥打反击，龚某、王某及张飞夺下袋子，并从袋子里各取出一把刀具，伙同刘某持随身携带的铁棍共同殴打陈某。其中，龚某持刀朝陈某左大腿砍了一刀，致陈左股动脉、左股静脉断裂大出血而死亡。随后，赵某驾车载龚某、刘某、王某等人逃离现场。

问：请分析龚某等人的刑事责任。

【参考答案】龚某等人构成抢劫罪。

龚某等人欲摆摊行骗，在被害人发现不愿交付钱财时上前将其围住，胁迫被害人交付钱款的行为目的是欲从被害人处获取财物，而非为了"窝藏赃物、抗拒抓捕、毁灭罪证"。因此，不构成转化型抢劫罪，而直接构成抢劫罪。龚某在被害人被迫交出240元后欲夺回财物而对龚某进行反击时，对被害人实施的暴力伤害行为应属于抢劫罪的一部分。因为财物转移到龚某手中后，被害人当场欲夺回财物，所以龚某为保护犯罪成果所使用的暴力仍具非法占有目的，只成立抢劫罪一罪即可。

【案例 83】《刑事审判参考》指导案例第730号

2010年2月起，被告人陈某、葛某等人合伙租用上海惠顺经贸有限公司的部分KTV包房，招募被告人降某、姚某、陈甲等人以提供色情服务引诱他人前来消费，强迫他人支付高额费用。2010年3月24日23时40分许，新加坡籍被害人洪某被引诱至上述地点，经陈甲安排接受异性服务。在洪某结清陈甲及卖淫女的费用后，被告人降某、姚某等人又将洪某带进另一处

---

① 【注意】本案的真实发生时间是2008年，根据行为当时的司法解释，即2005《关于审理抢劫、抢夺刑事案件适用法律若干问题的意见》"入户抢劫"进入他人住所"须以实施抢劫等犯罪为目的"，根据当时的司法解释不属于入户抢劫；如根据上述2016年司法解释，虞某的行为则属于入户抢劫。新法优于旧法，考生只需要记2016年司法解释即可，因此把发案时间调整为2018年。

包房，持虚开的洋酒、零食等消费清单向被害人洪某索取人民币17000余元。被害人洪某拒绝支付并欲离开，遭降某、姚某等人言语威吓、拳打脚踢、拉扯、捂嘴后，被迫通过移动POS机刷卡支付17000元。陈某按事先约定将该款予以分配。被害人洪某离开后即报警。陈某、葛某、降某、姚某、陈甲均被当场抓获。经法医学鉴定，被害人洪某全身多处软组织挫伤，口腔内黏膜损伤，属轻微伤。

问：请分析陈某、葛某、降某、姚某、陈甲等人的行为究竟是抢劫罪还是强迫交易罪。

【参考答案】陈某等人均构成抢劫罪。

本案中，陈某等人以虚开的洋酒、零食等强迫被害人支付钱款的行为，明显不具有正常经营的性质，其"吊模宰客"行为不是为了获取基本合理的对价，而是为了非法占有被害人的钱财。因此不符合强迫交易罪中的强买强卖商品的情形，不构成强迫交易罪。

陈某等人用言语相威胁，多人围堵等方式，已经当场对被害人造成了伤害，被害人被多人围在较为封闭的空间内无法脱身，一有反抗或不配合即遭殴打，人身安全及行动自由均遭到严重侵害，处于现实的危险中。被害人客观上处于无力反抗的状态，主观上处于不得不从的心理劣势，在此状态下被迫通过移动POS机刷卡支付17000元。因此，陈某等人均构成抢劫罪。

【案例84】《刑事审判参考》指导案例第764号

2009年5月12日21时许，被告人刘某与吴某共同预谋以制造交通事故的方式讹诈途经天津市的外地货运汽车司机钱财。刘某乘坐吴某驾驶的夏利轿车，到天津市北辰区津保桥至外环线匝道处伺机作案。当日23时许，被害人李某（殁年46岁）驾驶的蓝色货运汽车经津保桥西端右转进入匝道入口，准备倒车经匝道驶入外环线，吴某发现后即驾驶夏利轿车与货运汽车尾部相撞。刘某与吴某遂下车以修车为名向李某讹诈钱财，李某叫另一司机徐某（被害人，时年37岁）下车并报警。吴某从车里取出一把西瓜刀对李某进行威胁，索要钱财。此时，徐某下车从背后抱住吴某，与李某一起将吴某拽到护栏边，刘某见状即从车里取出一根镐把，先后朝着李某的头部、背部、腿部和徐某的头部、面部等部位击打，将二人打倒在地，致李某重型颅脑损伤经抢救无效死亡，致徐某轻伤。后刘某与吴某逃离现场。

问：请分析刘某等人的刑事责任。

【参考答案】刘某、吴某构成抢劫罪（抢劫致人死亡）。

本案中，刘某、吴某基于非法占有财物的目的，用轿车撞击货运汽车，对被害人进行敲诈，被害人拒绝支付钱财，准备报警，吴某即从车内取出西瓜刀对被害人进行威胁，向其索要钱财，遭遇被害人反抗后，刘某又持镐把先后击打两名被害人，致一死一伤。因此，两人的行为由起初的敲诈勒索转变为直接实施抢劫。根据共同犯罪原理，刘某、吴某构成抢劫罪（抢劫致人死亡）。

【案例85】《刑事审判参考》指导案例第814号

2010年8月8日23时许，被告人刘某将被害人唐某骗至其位于某市的一出租房内，穿插使用暴力殴打、持刀威胁、用竹签及针刺戳等手段逼迫唐某打电话向朋友筹款现金人民币20万元，因唐某未筹到钱，刘某只好逼迫唐某写下20万元的欠条。其间，刘某还两次违背唐某意志，强行与唐某发生性关系。次日17时30分许，唐某因无法忍受刘某不停地暴力折磨，趁刘某不注意爬上窗台跳楼逃离，造成右股骨上段、左耻骨上支、左坐骨支骨等多处严重骨折。经鉴定，唐某损伤程度已构成重伤。当日，刘某在某省人民医院门口被公安机关抓获。

问：请分析刘某的刑事责任。

【参考答案】刘某构成强奸罪（致人重伤）、抢劫罪（致人重伤），数罪并罚。

刘某以非法占有为目的，将被害人骗至出租房，当场使用暴力手段逼迫唐某打电话向朋友筹款的行为，构成抢劫罪；期间两次违背被害人意志，强行与被害人发生性关系，构成强奸罪。本案中抢劫的暴力折磨与强奸的身心伤害对被害人的影响是相互叠加的，被害人因无法忍受暴力折磨，而选择跳楼，是一个女性在双重压迫下正常的选择，这一介入因素并不异常，不能中断刘某抢劫、强奸行为与被害人的重伤后果之间的因果关系，属于多因一果的情形，应将被害人重伤的后果在抢劫罪、强奸罪中分别评价，即刘某构成强奸罪（致人重伤）、抢劫罪（致人重伤），数罪并罚。

第二节 窃取、骗取型

【案例86】郑某获悉金某的银行网银账户内有30万余元存款且无每日支付限额，遂电话告知臧某，预谋合伙作案。臧某与金某曾有过网上购物交易，臧某以尚未看到金某付款成功为由，发送给金某一个交易金额标注为1元而实际植入了支付30万元的计算机程序的虚假链接，臧某谎称金某点开链接后即可看到交易付款成功的记录。金某点开该链接后，其账户的30万余元随即到达臧某的账户中。

问：郑某和臧某的行为构成诈骗罪还是盗窃罪？理由是什么？

【参考答案】郑某和臧某构成盗窃罪。

郑某和臧某利用信息网络，诱骗他人点击虚假链接而实际上通过预先植入的计算机程序窃取他人财物，行为人虽有骗取的行为，但骗取行为只是为窃取行为作掩护，被害人并未"自愿"交付财物，因此行为人构成盗窃罪。

【案例87】郑某、臧某以虚假身份开设无货可供的淘宝网店铺，并以低价吸引买家。郑某、臧某事先在网游网站注册一账户，并对该账户预设充值程序，充值金额为买家预支付的金额，后将该充值程序代码植入到一个虚假淘宝网链接中，与买家商谈好商品价格后，二人以方便买家购物为由，将该虚假淘宝网站链接通过阿里旺旺聊天工具发送给买家。买家误以为是淘宝网链接而点击该链接进行购物、付款，并认为所付款会汇入支付宝公司为担保交易而设立的公用账户，但该货款实际通过预设程序转入二人网游网站在支付宝公司的私人账户，再转入被告人事先在网游网站注册的充值账户中，并通过其他方式将所得款项变现，然后分配。

问：郑某和臧某的行为构成诈骗罪还是盗窃罪？理由是什么？

【参考答案】郑某和臧某构成诈骗罪。

郑某和臧某虚构可供交易的商品或者服务，欺骗他人为支付货款点击付款链接而获取财物，被害人基于错误认识而"自愿"交付财物。行为人虽有一定程度的"窃取"成分，但该行为只是辅助手段。行为人的行为构成诈骗罪。

【案例88】董某为某网约车平台注册登记司机。为了多搞点钱，董某伙同谈某共四人，分别用购买、租赁未实名登记的手机号注册网约车乘客端，并在乘客端账户内预充打车费一二十元。随后，他们各自虚构用车订单，并用本人或其实际控制的其他司机端账户接单，发起较短距离用车需求，后又故意变更目的地延长乘车距离，致使应付车费大幅提高。由于乘客端账户预存打车费较少，无法支付全额车费。网约车公司为提升市场占有率，按照内部规定，在这种情况下由公司垫付车费，同样给予司机承接订单的补贴。四人采用这一手段，分别获取网约车公司垫付车费及公司给予司机承接订单的补贴。董某获取4万余元，其他人获得1万元至3万元不等。

问：董某等人的行为是否构成犯罪，构成何罪？说明理由。若不构成，说明理由。

【参考答案】董某等人构成诈骗罪。

在网络约车中，行为人董某等人以非法占有为目的，通过网约车平台与网约车公司进行交流，发出虚构的用车需求，使网约车公司误认为是符合公司补贴规则的订单，基于错误认识，给予行为人垫付车费及订单补贴的行为，符合诈骗罪的本质特征，应当认定为诈骗罪。

【案例89】2014年，毛某预谋窃取陈某拥有的域名"www.XX.cc"，其先利用技术手段破解该域名所绑定的邮箱密码，后将该网络域名转移绑定到自己的邮箱上。接着，毛某将该域名从原有的维护公司转移到自己在另一网络公司申请的ID上，又将该网络域名再次转移到毛某冒用"龙凤"身份申请的ID上，并更换绑定邮箱。毛某在网上域名交易平台将网络域名"www.XX.cc"以人民币12.5万元出售给李某。

问：毛某构成何罪？说明理由。

【参考答案】毛某构成盗窃罪。

毛某利用技术手段，通过变更网络域名绑定邮箱及注册ID，实现了对域名的非法占有，并使原所有人丧失了对网络域名的合法占有和控制，其目的是为了非法获取网络域名的财产价值，其行为给网络域名的所有人带来直接的经济损失。该行为符合以非法占有为目的窃取他人财产利益的盗窃罪本质属性，应以盗窃罪论处。

【案例90】王某（女）的好朋友刘某结婚，刘某因忙于进行婚礼，就将小手包交给伴娘王某帮自己拿着。婚礼期间，小手包中手机响了，王某在替刘某接电话时发现手包中有一条金项链，便放进自己口袋，将小手包放在刘某卧室柜子上，在婚礼结束后便离去。

问：分析王某的行为构成什么罪，并说明理由？

【参考答案】王某构成盗窃罪。小手包虽然与新娘刘某有一定距离，但刘某是主人，财物实际上仍在主人实力控制之内，即主人刘某在占有，伴娘王某将该财物金项链脱离主人占有范围，放进自己口袋，变成自己占有，所以构成盗窃罪。

【案例91】张某于某日下午4点左右，溜达到附近的小学门口。趁某小学放学之际，在校门前拦截了一名一年级男孩。张某和该男孩说，他是男孩父母的朋友，来接男孩回家。男孩信以为真。张某把孩子带到手机店，买了一款价值4000元的华为手机，付钱时张某假装没带钱，就和老板说，孩子放在这，我去旁边取点钱，手机我先拿着用。老板以为这个孩子是张某儿子，就同意了。张某拿着手机逃之夭夭。

问：分析张某的行为是否构成拐卖儿童罪，并说明理由。

【参考答案】张某不构成拐卖儿童罪，构成拐骗儿童罪、诈骗罪。

拐骗儿童罪是指拐骗不满14周岁的未成年人，使其脱离家庭或者监护人的行为；拐卖儿童罪是指，以出卖为目的，有拐骗、绑架、收买、贩卖、接送、中转儿童的行为之一的。表面上看张某以儿童换取了商品，但张某将男孩留在手机店时并无出卖的故意，也不会造成出卖的后果，只是想骗取老板的信任从而得到手机，因而是拐骗行为，构成拐骗儿童罪。

张某对手机店老板的行为构成诈骗罪。张某让老板误以为男孩是其儿子，骗取老板的信任，属于虚构事实、隐瞒真相，并使被害人陷入错误认识；老板允许张某在没付钱的情况下骗取手机，属于基于错误认识处分财物，张某因此取得手机，成立诈骗罪。

【案例92】董某在对网络游戏"炎龙骑士"游戏卡进行充值时，利用易宝支付交易平台正在升级期间的系统漏洞，恶意输入虚假的卡号密码等信息，在没有实际支付充值金额的情况下获取创娱公司价值人民币58194元的游戏点数，成功交易238笔，后将该游戏点数在淘宝网上折价售卖，获利11000余元，造成开发该网络游戏的公司财产损失58194元。

问：董某的行为成立盗窃罪还是诈骗罪？

【参考答案】出现故障的"易宝支付"未能正确识别支付代码，其下达的发货指令不能看作是其管理者和操作系统正常的意思表示和财产处分行为，因此董某的行为不构成诈骗罪。

机器本身没有意识，不存在被骗，董某以非法占有为目的，将原本为商家占有的游戏点数转移为自己占有，数额巨大，其行为构成盗窃罪。

【案例93】蔡某大学毕业后进入某通信有限公司分公司工作，担任该公司市场部计费及维护员，有查询网络系统内的计费或营业数据的权限，但公司没有授予其进行计费营帐系统内的充值卡数据生成或修改的权限。期间，蔡某在办公室的电脑上用自己掌握的密码，进入了分公司的充值卡数据系统，将已充值使用过的每张面值为50元的7000张充值卡修改为未使用的状态，共计价值35万元。后蔡某把充值卡按面值七折的价格出售给他人，销售获款20万余元，造成公司经济损失29.25万元。

问：蔡某的行为成立盗窃罪还是职务侵占罪？

【参考答案】本案蔡某的岗位职责是有查询网络系统内的计费或营业数据的权限，拥有进入公司计费网络系统的密码，其只是在工作中发现的单位管理电脑系统中存在的漏洞，并利用其可以进入公司计费网络系统的工作之便，对他人经手管理的充值卡数据进行了修改，侵害了单位的财产所有权。

由于蔡某未利用其主管、管理、经手本单位财物的便利条件，因此成立盗窃罪而非职务侵占罪。

【案例94】《刑事审判参考》指导案例第751号

孙某与梁某、刘某经预谋，由梁某向其亲戚弓某借来一辆本田牌小汽车，并伪造了弓某的身份证、机动车辆登记证书后，由刘某冒充弓某，与孙某一起将该车以72000元质押给薛某，并向薛某作出还款赎回的书面承诺。得款后，孙某与梁某、刘某共同分掉。同年，梁某等人用事先另配的钥匙从薛某处将车盗走并归还给弓某

问：孙某等人的行为成立何罪？

【参考答案】孙某等人的行为构成盗窃罪一罪。孙某等人虽然主观上具有非法占有的目的，但其伪造证件冒名质押，并从薛某处取得质押款72000元时，并未给薛造成损失，双方之间是一种民事行为。

此时，孙某等人的行为尚不构成诈骗罪。孙某等人最终是通过盗窃行为实现非法占有的目的，薛合法占有的质押物脱离占有，导致财产损失。孙的盗车行为是一个单独的盗窃行为，应以盗窃罪一罪定罪量刑。

【案例95】曹某在某家银铺店，谎称其妹妹小孩周岁，向该店购买金饰品，店主王某将曹某挑选的价值总计4762元的金项链、金手链各一条及金戒指一只包装后交给曹某。之后，曹某又谎称其未带钱，让王某随其到家里取钱，途中曹某趁王某不备溜走。当日，曹某将上述物品销赃后得赃款4280元。

问：曹某的行为成立何罪？

【参考答案】曹的行为构成诈骗罪，曹以非法占有为目的，采取虚构事实、隐瞒真相的方法，使王某信以为真，将曹某挑选好的金项链、金手链及金戒指交付给曹某，王某向曹某交付金饰品的行为属于诈骗罪中的处分财产行为，而曹某的欺骗行为与王某最终失去财物之间具有刑法上的因果关系。曹携带金项链、金手链及金戒指趁王某不备而溜走的行为，属于诈骗既遂后的事后行为。

【案例96】《刑事审判参考》指导案例第244号

某晚，被告人张某某、李某某携带镰刀在某国道某县境内，乘道路堵车之机，欲共同对被

堵车辆行窃。8 时许，张某某、张某良登上姜某某驾驶的解放牌汽车，将车上拉运的白糖往下扔，李某某负责在下边捡拾、搬运，共窃得白糖 6 袋，每袋 50 公斤。当司机姜某某从后视镜上发现有人扒货时，即下车查看，当场抓住张某某。张某某为脱身，用镰刀朝姜某某的脸上砍了一下（轻伤）。同时张某良也捡起石头威胁姜某某及前来协助的货主刘某。姜某某及刘某见此情形连忙驾车离开现场，并在一报警点报了案。出警的公安人员赶赴现场后，将正在搬运赃物的张某某、李某某抓获。经鉴定，6 袋白糖的价格达到数额较大标准。

问：请分析张某某、李某某的刑事责任。

【参考答案】张某某构成抢劫罪、李某某构成盗窃罪。

张某某伙同李某某等人，在堵车之际，对被害人车辆进行盗窃，在被被害人发现后，张某某为了抗拒抓捕而当场使用镰刀将被害人砍成轻伤，张某某的行为构成转化型抢劫罪。

而李某某在被害人发现后，并未对被害人使用暴力或以暴力相威胁，且张某某的暴力也不在二人共同故意的范围内，因此，李某某与张某某等人即无共同实施暴力的故意，又无共同实施暴力的行为，因此不成立抢劫罪的共同犯罪，仅成立盗窃罪。

【案例 97】《刑事审判参考》指导案例第 339 号

某日，被告人叶甲驾驶与叶乙、林某共同购买的浙 CD3587 号桑塔纳轿车进行非法营运，轿车被苍南县灵溪交通管理所查扣，存放在三联汽车修理厂停车场。后叶甲、叶乙与王某、陈某、叶丙合谋将该车盗走，并购置了两套与交通管理部门制服类似的服装。10 日晚，叶甲驾车将叶乙、王某、陈某、叶丙送至三联汽车修理厂停车场，由叶乙、王某爬墙进入，换掉被链条锁住的轿车轮胎，陈某乘停车场门卫熟睡之机打开自动铁门，与王某、叶丙一起将价值 9.2 万元的轿车开走，并由叶甲与陈某销赃得款 2.5 万元。2001 年 1 月 8 日，被告人叶甲、叶乙以该车被盗为由，向灵溪交通管理所申请赔偿。经多次协商，获赔 11.65 万元。获赔后，叶甲分给共有人林某 5.5 万元。案发后，赃车已追回。

问：请分析叶甲、叶乙等人的刑事责任。

【参考答案】叶甲、叶乙等人构成盗窃罪、诈骗罪，应当数罪并罚。

首先，叶甲、叶乙等人的车辆被交通管理所查扣，因而在交管所的合法占有之下，被告人将自己所有但由交管所扣押的轿车开走的行为，属于以和平手段，破坏合法占有，建立新的支配关系的行为，构成盗窃罪。

其次，被告人之后欺诈索赔的行为，属于隐瞒真相，使被害人陷入错误认识，并基于错误认识处分数额较大财物，构成诈骗罪。

最后，两个犯罪行为尽管密切相关，但是属于两个独立成罪的犯罪行为，且不具有类型化的牵连关系，应当数罪并罚。

【案例 98】《刑事审判参考》指导案例第 492 号

某日被告人朱某到环翠区羊亭镇港头村王某家，以驱鬼为由，诱骗王拿出人民币 430 元及价值人民币 1840 元的黄金首饰作为道具，交给被告人"施法驱鬼"。朱某将上述财物用纸包好后，在"施法"过程中，乘被害人王某不备，用事先准备好的相同纸包调换装有财物的纸包，待"施法"完毕，将该纸假包交还被害人，并嘱咐 3 日后才能打开，随后将被害人的上述财物带离现场。

问：请分析朱某的行为是构成盗窃罪还是诈骗罪？

【参考答案】朱某的行为构成盗窃罪。

首先，朱某的行为不构成诈骗罪。被害人暂时交付财物的目的是让被告利用财物"施法驱鬼"，虽然形式上财物已经交付朱某持有，但是被害人仍然在场，该财物仍然在被害人事实控制之下，并未发生被害人基于错误认识处分财物的行为。

其次，朱某真正取得财物的占有，是通过"调包"这一行为，使得被害人失去了对于财物的控制，朱某建立自己对于财物的支配，这一行为构成盗窃罪。

【案例99】《刑事审判参考》指导案例第795号

2008年4月15日，深圳腾讯公司委托D市某公司生产QQ密保卡。生产过程中有一批密保卡因损坏需要重新进行制作，某公司遂将该批密保卡的数据通过内网上传至本公司服务器的共享文档。由于文件没有加密，某公司的普通操作员通过生产车间的电脑就可以进入内部网络查看QQ密保卡数据。被告人陈某发现这一漏洞后，第二天携带一张Trans-Flash卡及转换器来到生产车间，趁他人不注意时利用其中一台多米诺2号喷码机登录到该公司的服务器，并将需要重新制作的密保卡的数据复制到其携带的TransFlash卡，所涉QQ密保卡卡面金额人民币49140元。此后，陈某辞职回到老家，并于5月5日至6月19日期间，利用其复制的QQ密保卡数据为其本人及朋友的QQ账户进行充值，累计充值金额5030元。6月2日，腾讯公司接到游戏玩家投诉称所购Q币充值卡余额为零。警方接到报警后，于6月19日将陈某抓获归案。

问：请分析陈某的刑事责任。

【参考答案】陈某构成盗窃罪（既遂）。

QQ密保卡虽然不是财产，但因为可以获取腾讯公司的等值服务而具有了财产属性，可以作为盗窃罪的犯罪对象。本案中，陈某以非法占有的目的，窃取密保卡数据并充值后，被害单位实际失去控制了与密保卡对应的等值服务资费（5030元），该部分财产即脱离了公司的控制，处于陈某可自由支配的状态，陈某因此而获利5030元，构成盗窃罪（既遂）。

【案例100】《刑事审判参考》指导案例第148号

某日下午，被告人何某遇到陈某（在逃），闲聊中陈某提出去搞一辆摩托车，何某表示同意。后陈某去寻找目标，何某在东兴市东兴镇北仑大道建安加油站处等候。当晚8时许，陈某雇请宋某驾驶两轮摩托车到加油站载上何某一同到东兴镇东郊村罗浮附近，以等人为由让宋某停车等候。陈某趁宋某下车未拔出钥匙之际，将摩托车开走，宋某欲追赶，何某则以陈某用其车去找人会回来还车等理由稳住宋某。后何某又以去找陈某为由，叫宋某在原地等候，自己趁机逃跑。经鉴定，该摩托车价值人民币4905元。

问：请分析何某的刑事责任。

【参考答案】何某构成诈骗罪。

本案中，陈某抢走了被害人的摩托车，但是当时被害人有极大的可能性将车追回，是由于何某向被害人虚构了"借车找人"的事实，并且仍与宋某待在一起没有逃跑，导致了被害人陷入错误认识而未追赶，被害人的"不追赶"其实是一种处分财物的行为，即放弃了自己对于财物的占有，允许他人在一段时间内占有其财物。因此，何某构成诈骗罪。

【案例101】《刑事审判参考》指导案例第256号

某日，被告人程某拾得一张户主为朱某的加有密码的中国银行活期存折。因程某认识朱某，程某即在家中多次估猜配写密码，并分别于同月20日、25日、26日先后持存折到徽州区中国银行岩寺分理处、屯溪区中国银行老街分理处试图取款，均因密码错误未果。同年3月10日下午，程某来到中国银行跃进路分理处，以朱某手机号码后六位数作为密码输入时，取出现金200元，之后程某又到中国银行老街分理处取出现金1.6万元，并且找到其姐夫余某要求其帮忙取款，余某即于当天下午持存折在中国银行跃进路分理处取出6万元现金。次日晨，程某到他处取款时，余某夫妇产生怀疑，程以帮朋友取赌资加以搪塞，同时拿出7500元交其姐夫，言明其中3000元是还欠款，4500元是赠送。3月12日上午，程某又到中国银行徽山路分理处取出现金 5.6 万元之后，将朱某的存折烧毁（尚余 4000 元存款）。所取现金藏匿于其卧室床头柜中，公安机关讯问后被告人程某即承认上述事实，并将赃款 13.22 万元悉数退回。

问：请分析程某的刑事责任。

【参考答案】程某构成诈骗罪。

本案中，在程某取得他人的存款之前，存款完全置于银行的控制、支配之下，程某支取他人存款，是因为程某破解密码后，冒用他人的名义，使银行陷入错误认识，并基于错误认识向程某交付了存款，程某的行为满足诈骗罪的构成要件，成立诈骗罪。

【案例 102】《刑事审判参考》指导案例第 591 号

2007 年 6 月，被告人王某在浙江省义乌市中国移动公司办理业务时结识了该公司员工被告人方某，两人预谋以贩卖移动公司手机"靓号"的方式牟利。之后方某利用工作之便从移动公司内部电脑系统查得 137×××9999、137×××8888、137×××6666、137×××8888、135×××6666 等 14 个号码的机主资料信息，而后通过制假证伪造了 14 张与机主资料相同的假身份证。同年 7 月 13 日至 16 日，王某分别持上述假身份证到义乌市移动公司营业厅，将原机主的移动号码 137×××9999、137×××8888、137×××6666、137×××8888、135×××6666 非法过户到自己名下，随后，王某隐瞒上述手机号码系通过虚假手段办得的真相，以自己名义将其中的 137×××9999、137×××8888、137×××6666、137×××8888 4 个号码卖给他人，共计获取人民币 41000 元。

问：请分析王某、方某的刑事责任。

【参考答案】王某、方某构成诈骗罪。

手机号码不是财物，也没有财物属性，因此二人非法过户手机号的行为不构成盗窃罪。王某伪造身份证件将他人手机号码过户至自己名下，再隐瞒自己并非该手机号码主人的真相，被害人陷入错误认识，并基于错误认识购买该手机号码，使被告获得财产利益，最后被害人发现手机号码因被真正机主收回而不能用，因此蒙受经济损失。由此可见，王某、方某的获利是在非法过户后又进行转让时实现，构成诈骗罪。

【案例 103】《刑事审判参考》指导案例第 820 号

2011 年 6 月至 8 月间，由于公司工作人员疏于修改人事系统的原始密码，被告人黄某利用在某股份有限公司工作的便利，轻松获取账号和原始密码后，非法登录公司内部未联网计算机的人事系统，将公司其他员工工资卡号改为其持有的银行账号，骗取公司工资款合计人民币（以下币种同）25862 元。

问：请分析黄某的行为是否构成诈骗罪？是否构成破坏计算机信息系统罪？

【参考答案】黄某构成诈骗罪。

首先，黄某以非法占有为目的，利用熟悉环境的工作便利，侵入公司内部未联网的计算机信息系统，将公司人事系统数据进行更改，使公司陷入错误认识，并基于错误认识将本应发放给其他员工的工资款汇入黄某持有的银行卡账户内，给单位的财产造成损失，其行为构成诈骗罪；

其次，黄某的行为不构成破坏计算机信息系统罪。黄某侵入的是单位内部未联网的计算机，此类计算机系统不属于《刑法》中破坏计算机信息系统罪中的犯罪对象，因此，对于侵入连接互联网和内部网之外的计算机信息系统的行为，不能认定"违反国家规定"，不能以破坏计算机信息系统罪论处。

【案例 104】《刑事审判参考》指导案例第 582 号

2008 年 3 月 16 日至 3 月 20 日期间，被告人杨某以盗取他人汽车号牌后敲诈钱财为目的，组织并伙同被告人马某，先后在江苏省昆山市、苏州市等地，采取强掰车牌的方式多次盗窃汽车号牌。其中，被告人杨某盗窃作案13起，窃得汽车号牌14副；被告人马某盗窃作案7起，窃得汽车号牌8副，二人未来得及向有关号牌所有人勒索钱财即被抓。被害人补办车牌所需的费用为人民币105元/副，被告人杨某盗窃机动车号牌补办费用共计人民币1470元，被告人马某盗窃机动车号牌补办费用共计人民币840元。2008年3月20日凌晨，公安机关将二被告人抓获。

问：请分析杨某、马某成立构成敲诈勒索罪（预备）？还是成立盗窃罪？

【参考答案】杨某、马某构成盗窃罪。

首先，被告人杨某、马某盗窃他人机动车号牌是为了以此向有关号牌所有人勒索钱财，但是不符合敲诈勒索罪的行为模式。敲诈勒索罪的成立需要被害人基于恐惧交付财物，本案中即使被告人向有关号牌所有人发出了勒索财物的通知，被害人也不可能陷入恐惧，最多是害怕麻烦不想亲自去补办车牌，而交付财物，所以该行为不构成敲诈勒索罪（预备）。

其次，两被告人以非法占有为目的，采取强掰车牌的方式多次盗窃汽车号牌，虽然未达到数额较大标准，但其多次盗窃，且取得车辆号牌，属于值得刑法保护的财物，完全满足盗窃罪的构成要件。

注：被告人杨某盗窃机动车号牌补办费用共计人民币1470元，被告人马某盗窃机动车号牌补办费用共计人民币840元。由于两人是共同犯罪，数额可以合并计算，合计已经超过了2000元，有可能达到了盗窃罪"数额较大"的标准。

第三节　侵占、挪用型

【案例105】某日，曹某的邻居张某找到曹某，与曹某商定，用曹某的身份证办理四张招商银行卡供张某使用，每张卡给曹某好处费200元，卡办好后由张某保管。后曹某不愿将其名下的招商银行卡继续提供给张某使用，将该卡挂失并冻结了账户内资金。张某得知此事后，找到曹某协商未果。曹某补办了该银行卡并重置密码，又在招商银行以曹某的名义办理另一张新卡，并将原账户内的20000元资金转入该新卡账户内。

问：曹某的行为成立何罪？

【参考答案】从客观方面来说，虽然曹某名下的银行卡一直由张某本人持有，但该银行卡内的资金却随时处于曹某的控制下，曹某可随时将该银行卡挂失从而占有卡内资金，曹某也确实实施了到银行办理挂失补卡及支取资金的行为，上述行为无疑是将代为保管的他人财物占为己有，且拒不归还，应当认定曹某的行为构成侵占罪。

第四节　毁坏、拒付型

【案例106】最高人民法院指导案例第28号

被告人胡某于2010年12月分包了位于四川省双流县黄水镇的一景观工程的部分施工工程，之后聘用多名民工入场施工。施工期间，胡某累计收到发包人支付的工程款51万余元，已超过结算时确认的实际工程款。2011年6月5日工程完工后，胡某以工程亏损为由拖欠李某等20余名民工工资12万余元。6月9日，双流县人力资源和社会保障局责令胡某支付拖欠的民工工资，胡却于当晚订购机票并在次日早上乘飞机逃匿。6月30日，四川锦天下园林工程有限公司作为工程总承包商代胡某垫付民工工资12万余元。7月4日，公安机关对胡某拒不支付劳动报酬案立案侦查。7月12日，胡某在浙江省慈溪市被抓获。

问：请分析胡某的刑事责任。

【参考答案】胡某构成拒不支付劳动报酬罪。

胡某有能力支付而拒不支付民工的劳动报酬，数额较大，且经政府等有关部门责令其支付其仍不支付，且以逃匿的方式拒不支付民工劳动报酬12万余元，构成拒不支付劳动报酬罪。虽然胡某逃匿后，工程总承包企业清偿了胡某拖欠的民工工资，其清偿拖欠民工工资的行为属于为胡某垫付，这一行为虽然削减了拖欠行为的社会危害性，但并不能免除胡某应当支付劳动报酬的责任，不影响胡某的刑事责任。

【案例107】孙某为某乳品公司担任业务员，出于为该公司创造经营业绩的动机，从2016年10月起向该公司虚构了某学院需要供奶的事实，并利用伪造的学院行政章与该公司签订了"供货合同"。从2016年10月起至2017年3月止，魏某将该公司钙铁锌奶321500份（每份200毫升）送至其暂住地，每天将牛奶全部销毁。经鉴定，上述牛奶按0.95元/份计算，共价值人民币305425元。

问：孙某将牛奶销毁的行为是否构成职务侵占罪？为什么？

【参考答案】孙某不构成职务侵占罪，构成故意毁坏财物罪。

职务侵占罪是一种占有型犯罪，必须具备非法占有的目的。所谓"非法占有"是指排除权利人而将他人的财物当作自己的所有物，并进行利用或处分的意思。

本案中，被告人并未对牛奶进行利用和处分，而是"毁坏"，不具有非法占有目的，故孙某的行为不构成职务侵占罪，构成故意毁坏财物罪。

【案例108】《刑事审判参考》指导案例第736号

上海和雍贸易有限公司（以下简称和雍公司）系2000年1月由自然人投资500万元注册成立的有限责任公司，主要以批发和零售华硕、宏碁、联想、戴尔、日立、东芝、三星等品牌的笔记本电脑及电脑配件为主，在上海设有40家销售门店。该公司对每款产品在不同时间、不同地点都有明确的销售限价规定，且限价规定均在第一时间通知各销售门店和销售人员，必须严格执行，作为店长兼产品采购部经理的被告人刘某知道公司电脑产品的成本价和限价规定。2007年12月至2009年5月，被告人刘某在担任和雍公司销售人员、店长、产品采购经理等职务期间，为了达到追求销售业绩升职的个人目的，利用负责电脑产品销售的便利，故意违反公司限价规定，以低于产品成本价对外销售电脑产品，但报给公司的销售价格则高于限价，即电脑的实际销售价格与上报公司的销售价格之间每台相差人民币700元至1000元不等。因公司有不成文规定，当月向客户销售电脑的货款可在两个月后入账，故刘某借机以后面收取的销售款来弥补前账，终因销量过大导致公司成本亏损。至案发，造成公司成本计533万余元无法收回。

问：刘某的行为是否构成破坏生产经营罪？

【参考答案】根据《刑法》第276条由于泄愤报复或者其他个人目的，毁坏机器设备、残害耕畜或者以其他方法破坏生产经营的，构成破坏生产经营罪。

本案中，刘某的行为不构成破坏生产经营罪。根据同类解释的原理，"其他方法破坏生产经营"必须与毁坏机器设备、残害耕畜具有相同的特征，即必须是对生产资料的物理性破坏，刘某低价销售公司产品的行为，不是对生产资料的物理性破坏，不应当被评价为"其他方法破坏生产经营"；从行为目的来看，刘某的行为目的是实现"个人升职"，与"泄愤报复"等恶意目的在本质上截然不同，因此刘某不构成破坏生产经营罪。

【考点小结】财产型犯罪总结

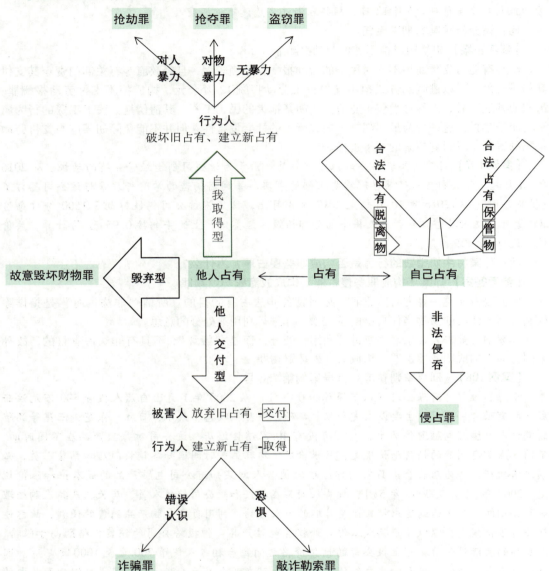

第十四章 妨害社会管理秩序罪

【案例 109】某县人民法院于 2012 年 12 月 11 日作出民事判决，判令毛某于判决生效之日起 15 日内返还陈某投资款 20 万元及利息。该判决于 2013 年 1 月 6 日生效。因毛某未自觉履行生效法律文书确定的义务，陈某于 2013 年 2 月 16 日向平阳县人民法院申请强制执行。立案后，A 县人民法院在执行中查明，毛某于 2013 年 1 月 17 日将其名下的小型普通客车以 150000 元的价格转卖，并将所得款项用于个人开销，拒不执行生效判决。

问：毛某拒不执行判决裁定案件中的"有能力执行而拒不执行"的行为起算时间，是从从相关民事判决发生法律效力时起算，还是从执行立案时起算？

【参考答案】毛某拒不执行判决的行为应从相关民事判决于 2013 年 1 月 6 日发生法律效力时起算。

首先，拒不执行判决裁定罪中的"人民法院的判决、裁定"，是指人民法院依法作出的具有执行内容并已发生法律效力的判决、裁定。生效法律文书的强制执行力不是在进入强制执行程序后才产生的，而是自法律文书生效之日起即产生。

其次，拒不执行判决、裁定罪的立法目的在于解决法院生效判决、裁定的"执行难"问题。将判决、裁定生效后立案执行前逃避履行义务的行为纳入拒不执行判决、裁定罪的调整范围，是法律设定该罪的应有之意。

【案例 110】2015 年 9 月至 2015 年 11 月，毛某与妻子王某等人，以营利为目的，邀请他人加入其建立的微信群，组织他人在微信群里采用抢红包的方式进行赌博。期间，王某等人帮助向某在赌博红包群内代发红包，并根据发出赌博红包的个数，从抽头款中分得好处费。后毛某被人举报，公安机关将毛某抓获，而王某隐匿了起来。

问：毛某与其妻构成何罪？说明理由。

【参考答案】二人构成开设赌场罪。

二人以营利为目的，通过邀请人员加入微信群，利用微信群进行控制管理，以抢红包方式进行赌博，设定赌博规则，在一段时间内持续组织赌博活动的行为，属于《刑法》第 303 条第 2 款规定的"开设赌场"，应认定为开设赌场罪。

【案例 111】2021 年 12 月，李某酒后驾驶汽车行驶至某路口时遇民警检查。李某拒不配合检查，欲弃车逃离，被民警带至检查站内进行检查。在检查站内，李某告诉民警自己是省法院领导，希望民警通融，民警拒不理睬。李某推搡、拉扯民警，阻碍民警对其检查，将民警俞某警服撕破，并将其推倒在地，致俞某受轻伤。经鉴定，李某血液酒精含量为 206 毫克/100 毫升。民警后找法院核实李某身份，遂案发。

问：如何评价李某的行为？

【参考答案】李某酒后驾车并阻碍民警执行公务的行为符合危险驾驶罪和袭警罪的构成特征，应当数罪并罚。

首先李某在袭警过程中故意致人轻伤，应当以袭警罪和故意伤害罪从一重罪，袭警罪论处；

其次，李某醉酒驾驶机动车，血液酒精含量为 206 毫克/100 毫升，构成危险驾驶罪。

最后，对于李某应当两罪并罚。

【案例112】高某杀死女友钱某后，将钱某LV手提包（价值5万元）据为己有。一日，高某将LV提包送给前女友尹某，尹某发现提包不是新的，也没有包装，问："是偷来的还是骗来的"，高某说："不要问了，你留下就行。"

问：尹某接受LV手提包的行为如何评价？

【参考答案】尹某构成掩饰、隐瞒犯罪所得罪。掩饰、隐瞒犯罪所得罪，是指明知是犯罪所得，而实施窝藏、转移、收购和代为销售行为。本案中，客观上，该包属于高某犯罪所得，而且尹某接受的行为即属于窝藏；主观上，尹某认识到可能是高某犯罪所得，具备明知的条件，因而成立本罪。

【案例113】**最高人民法院典型案例**

2020年1月24日，被告人刘某某在北京市通州区某小区暂住地内，利用微信号编造其感染新型冠状病毒后到公共场所通过咳嗽方式向他人传播的虚假信息，发送至其另一微信号，并将聊天记录截图后通过微信朋友圈、微信群、QQ群传播，直接覆盖人员共计2700余人，并被其他个人微博转发。公安机关掌握该信息后，采取了相应紧急应对措施。

问：请分析刘某某的刑事责任。

【参考答案】刘某某构成编造、故意传播虚假信息罪。

刘某某在疫情防控期间，故意编造虚假信息，在信息网络上传播，严重扰乱了社会秩序，构成编造、故意传播虚假信息罪。

【案例114】**最高人民法院典型案例**

2020年2月6日22时许，被告人唐某某酒后未戴口罩至江苏省建湖县上冈镇草堰口卫生院探望其住院的父亲。因值班医生周某某提醒其戴口罩，并制止其在正在使用的输氧病房内抽烟，唐某某心生不满，与周某某发生口角，继而殴打周某某头面部及颈部，并致周某某衣物损坏。后唐某某又先后殴打前来劝阻的医生王某某、群众姚某某和唐某。经鉴定，被害人周某某、王某某和姚某某的损伤程度均为轻微伤。

问：请分析唐某的刑事责任。

【参考答案】唐某构成寻衅滋事罪。

根据"两高两部"联合出台的《关于依法防治妨害新型冠状病毒感染肺炎疫情防控违法犯罪的意见》的规定，随意殴打医务人员，情节恶劣的，依照《刑法》第二百九十三条的规定，以寻衅滋事罪定罪处罚。本案中，被告人唐某某在疫情防控期间在医院随意殴打他人，造成三人轻微伤，情节恶劣，其行为构成寻衅滋事罪。

【案例115】《刑事审判参考》指导案例第517号

被告人张某在上学期间与同学秦某关系较好，并曾帮助过秦某。张某在毕业联系工作时让秦某帮忙，因秦不予提供帮助以致心生不满。2007年6月17日17时许，张某得知秦某要到郑州市惠济区的富景生态园游玩，便电话通知被告人韩某到富景生态园"收拾"秦某。韩某接到电话后，即骑车带着被告人倪某赶到富景生态园。在富景生态园，张某向韩某指认秦某后，韩某、倪某遂上前对秦某进行殴打。然后，张某要求秦某给钱，因秦某身上钱少，便要走其手机两部，并让其第二天拿钱换回手机，张某、韩某各带走一部手机。后经秦某索要，张某将一部手机归还，但另一部手机被张某卖掉，赃款被张某和韩某挥霍。经鉴定，两部手机共计价值1033元。

问：请分析张某、韩某、倪某的刑事责任。

【参考答案】张某、韩某、倪某构成寻衅滋事罪。

客观上，三被告人以轻微暴力的手段，向被害人索要财物手机两部，属于使用轻微暴力强拿硬要财物的行为，其暴力强度并未超出寻衅滋事罪所涵括的程度。主观上，三被告人并无非法占有被害人财物的故意，张某在纠集韩某、倪某时明确指出"修理一顿"。其主观目的为"修理""教训"被害人，而并非是非法获取被害人财物，根据根据罪刑相适应原则，三被告人应当认定为寻衅滋事罪。

第十五章　贪污贿赂罪

【案例116】2003年8、9月间，潘某利用担任A市某街道工委书记（国家工作人员）的职务便利，为该市某房地产开发有限公司总经理陈某低价获取100亩土地等提供帮助，并于9月3日分别以其亲属名义与陈某共同注册成立B公司，以"开发"上述土地。潘某既未实际出资，也未参与该公司经营管理。2004年6月，陈某以B公司的名义将该公司及其土地转让给C公司，潘某以参与利润分配名义，收受陈某给予的480万元。

问：潘某收受陈某给予的480万元的行为是否构成犯罪？为什么？

【参考答案】潘某收受陈某给予的480万元的行为构成受贿罪。

潘某虽与陈某共同成立B公司，但潘某既未实际出资，也未参与该公司经营管理。其所获480万元并非公司利润、分红和股本，是以合办公司为名变相受贿，应以受贿罪论处。

【案例117】2004年上半年，国家工作人员潘某利用职务便利，为D公司受让某大厦项目减免100万元费用提供帮助，并在购买对方开发的一处房产时接受该公司总经理许某某为其支付的房屋差价款和相关税费61万余元（房价含税费121万元，潘支付60万元）。

问：潘某是否构成受贿罪，受贿数额是多少？

【参考答案】潘某构成受贿罪。受贿数额是61万元。

潘某购买的房产，含税费共计121万余元，潘某仅支付60万元，明显低于市场价格。潘某利用职务之便为请托人谋取利益，以明显低于市场的价格向请托人购买房产的行为，是以形式上支付一定数额的价款来掩盖其权钱交易的本质，应以受贿罪论处。

受贿数额按照涉案房产交易时当地市场价格与实际支付价格的差额计算，共61万元。

【案例118】国有化工厂车间主任甲与副厂长乙（均为国家工作人员）共谋，在车间的某贵重零件仍能使用时，利用职务之便，制造该零件报废、需向五金厂（非国有企业）购买的假象（该零件价格26万元），以便非法占有货款。甲将实情告知五金厂负责人丙，嘱咐丙接到订单后，只向化工厂寄出供货单、发票而不需要实际供货，等五金厂收到化工厂的货款后，丙再将26万元货款汇至乙的个人账户。丙提前将五金厂的26万元现金汇至乙的个人账户。3天后，化工厂会计准备按照乙的指示将26万元汇给五金厂时，因有人举报而未汇出。

问：甲、乙的行为成立何罪？

【参考答案】甲、乙的行为成立贪污罪（未遂）。

贪污罪是国家工作人员利用职务之便，采用侵吞、窃取、骗取的方式非法占有本单位公共财物的行为。

本案中，甲、乙实施了利用职务上的便利骗取本单位财物的行为，构成贪污罪；虽然客观上获得了26万元，但该26万元不是化工厂的财产，没有给化工厂造成实际损失，但是国有财产有被骗出的风险，对甲、乙的贪污行为只能认定为贪污未遂。

【案例119】镇长黄某和村民李某勾结，由李某出面向某村租赁可能被征收的荒山20亩，并在上面植树，后黄某利用自己负责某重点工程项目占地的拆迁和评估工作的职务之便，使得李某取得补偿款50万元，李某分给黄某30万元。黄某认为自己应分得40万元，二人发生争执，李某无奈又给黄某10万元。

问：对黄某、李某取得补偿款的行为，应如何定性？二人的犯罪数额应如何认定？

【参考答案】黄某、李某取得补偿款的行为构成贪污罪，二人是贪污罪共犯。犯罪数额都是 50 万元。根据《刑法》的规定，国家工作人员利用职务上的便利，侵吞、窃取、骗取或者以其他手段非法占有本单位的公共财物，是贪污罪。伙同他人贪污的，以共犯论。

本案中，黄某伙同李某，共同利用了黄某的职务便利骗取公共财物，成立贪污罪的共同犯罪。二人要对共同贪污的犯罪数额负责，犯罪数额都是 50 万元。

【案例 120】某私营原料公司经理戊，为了能长期向某国有化工厂供应原料，让化工厂副厂长乙的妻子丁未出资却享有原料公司 10% 的股份（乙、丁均知情），虽未进行股权转让登记，但已分给红利 58 万元，每次分红都是丁去原料公司领取现金。

问：请分析乙、丁、戊的刑事责任。

【参考答案】乙、丁成立受贿罪；戊成立行贿罪。根据司法解释，国家工作人员利用职务上的便利为请托人谋取利益，收受请托人提供的干股（未出资而获得的股份）的，以受贿论处。股份未实际转让，以股份分红名义获取利益的，实际获利数额应当认定为受贿数额。

戊作为回报让乙的妻子丁未出资却享有原料公司 10% 的股份，虽未进行股权转让登记，但让丁分得红利 58 万元的行为，是为了谋取不正当利益，构成行贿罪；乙作为国家工作人员，收受干股且为他人谋取不正当利益，构成受贿罪；丁构成受贿罪的共犯。

【案例 121】《刑事审判参考》指导案例第 124 号

路桥燃料公司原系国有企业。1998 年，路桥燃料公司进行产权制度改革，在资产评估过程中，被告人徐某知公司的应付款账户中有三笔共计 47.435738 万元系上几年虚设，而未向评估人员作出说明，隐瞒该款项的真实情况，从而使评估人员将该三笔款项作为应付款评估并予以确认。同年 12 月，路桥区政府路政发（1998）147 号文件同意路桥燃料公司产权制度改革实施方案。此后，路桥燃料公司在 21 名职工中平均配股。2000 年 4 月，被告人罗某从徐某处得知公司资产评估中存在虚报负债的情况。同年 6 月，二被告人在部分职工得知内情要求私分的情况下，商定召开职工大会，经讨论并确定虚报负债部分用于冲减企业亏损或上交国有资产管理部门。6 月 30 日，路桥燃料有限公司股东大会选举产生董事会，董事长为徐某、副董事长为罗某。尔后，二被告人和应某等 5 人收购了其他 16 名股东的全部股份，并于 2000 年 8 月 17 日正式成立路桥燃料有限公司。自 2000 年 4 月份以来，罗某明知公司资产评估中存在虚报负债的情况，而未向有关部门报告并继续同徐某一起到有关部门办理企业改制的后继手续。2000 年 9 月 7 日，路桥燃料有限公司向路桥区财政局交清路桥燃料公司国有资产购买款 46.53969 万元。随后，被告人徐某、罗某等人积极办理公司产权转移手续。案发时，手续尚在办理之中。

问：请分析徐某、罗某的刑事责任。

【参考答案】徐某、罗某构成贪污罪未遂。

徐某、罗某二人，身为国有公司的管理人员，系从事公务的人员，利用职务上的便利在原国有企业产权制度改革之际，明知公司的应付款账户中共有 47 万余元款项系虚设，在评估时应予核减而隐瞒了此事实，导致国有公司股价降低，以低于实际价值 47 万的价格，收购国有资产，再通过股份改制并收购其他所有股东的股份，欲将该部分瞒报的款项据为己有，造成国有资产的转移，两被告人非法占有国有资产的行为是个人行为，应以贪污罪论处。

由于改制手续尚在办理之中，徐某、罗某并未实际控制所隐匿的国有资产，所以当以贪污罪的未遂论处，根据法律规定，可以比照既遂从宽处理。

【案例 122】《刑事审判参考》指导案例第 754 号

陆某，女，1970 年出生，案发前担任某市某区发展和改革局副局长；刘某，男，1964 年出生，案发前担任某市某区人民政府副区长，全面负责某区新城建设工作，且与陆某长期保持不正当的男女关系。2009 年年底至 2010 年 5 月期间，陆某通过刘某负责新城建设的职务之便，使不具备投标资格的某区森林地面工程有限公司，通过挂靠有资质的企业参与某区新城四个建设工程的投标并中标，为该公司谋取不正当利益，先后 4 次收受该公司法定代表人薛某所送的现金合计 70 万元。法院经审理查明，刘某对于陆某收受贿赂一事并不知情。

问：请分析陆某的刑事责任。

【参考答案】 首先，刘某是陆某的上级领导，陆某的职务对刘某的职务不具有制约关系，但陆与刘之间存在工作联系，陆的职权和地位可以对刘的职务行为产生一定的影响，再通过刘职务上的行为，为请托人谋取不正当利益，应当属于利用本人职权或者地位形成的便利条件受贿的情形，成立斡旋受贿型受贿罪。

其次，陆某不但是刘某的下属，还与刘某有不正当的男女关系，同样能够对刘某产生一定的影响，属于关系密切人对于国家工作人员影响，通过刘职务上的行为，为请托人谋取不正当利益，收受请托人财物，成立利用影响力受贿罪。

最后，陆某对于刘某有双重影响力，两种影响力你中有我、我中有你，密不可分，因此陆某的一个行为，既构成（斡旋受贿型）受贿罪又构成利用影响力受贿罪，想象竞合，择一重罪论处。

【案例 123】 2010 年下半年，在吴某担任某国有独资基建公司（以下简称基建公司）总经理期间，徐某多次找到吴某，要求承接该公司某项目所需钢绞线全部供应业务。吴某原计划安排情妇赵某承接该业务，便以"让领导的朋友退出"为由，要徐某给予"领导的朋友"好处费 30 万元，徐某表示同意。之后，吴某利用职权，决定以徐某的名义承接总额 700 余万元的钢绞线供应业务。2010 年 9 月底，徐某按约定联系吴某交付 30 万元好处费。吴某带徐某与赵某见面，谎称赵某系领导的朋友，徐某将 30 万元交给赵某。

问：吴某的行为成立诈骗罪？还是受贿罪？

【参考答案】 吴某的行为构成受贿罪，且具有索贿情节，应当从重处罚。

吴某虽然采取了欺骗的手法，但本质上吴某依然是利用职权之便让徐某交付财物，徐某交付 30 万元与吴某的职权之间存在明显的权钱交易关系。徐某表面是因为吴某的欺骗交付财物，实质上还是因为有求于吴某愿意给付财物。因此，本案吴某构成受贿罪。同时，吴某主动索要财物，应以索贿论处，属于法定从重处罚情节。

【案例 124】 2011 年，徐某为某公立学校承包工程，工程按质按量完工后，学校一直拖欠工程款（3000 余万元）。徐某听说国家工作人员吴某与校长张某很熟，便送给吴某 10 万元，请吴某帮忙。吴某让张某帮忙解决，张某于是将工程款给付徐某。

问：徐某和吴某的行为应当如何定性？

【参考答案】 吴某、徐某都不构成犯罪。

首先，吴某并没有利用本人的职务之便，而是利用本人职权或者地位形成的便利条件，通过其他国家工作人员职务上的行为，为请托人谋取利益，并收受请托人财物，是以一种斡旋的方式受贿，但是，斡旋受贿需要为请托人谋取不正当利益。但是在本案中，徐某向学校索要工程款是正当利益，因此，吴某不构成犯罪。

其次，根据《刑法》规定，为谋取不正当利益，给予国家工作人员以财物的，是行贿罪。徐某向学校索要工程款是正当利益，徐某也不构成行贿罪。

【考点小结】 行贿受贿类犯罪大总结

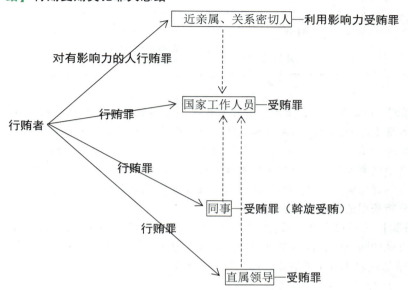

第十六章　渎职罪

【案例125】2008年某日，王乙经营的歌舞厅的几名顾客发生争执，该歌舞厅保安上前劝阻，并与顾客发生打斗，导致几名顾客受轻伤和轻微伤。涉案人员罗某等人因涉嫌故意伤害罪被E派出所刑事拘留。后王乙多次打电话给杨甲（派出所所长）妻子，给予其妻3万元，请求对涉案人员免于刑事处罚。杨甲得知此事后，在明知该案不属于调解处理的案件的情况下，指示其下属负责调解该案。最终，该案涉案人员被解除刑事拘留。

问：请分析杨甲的刑事责任。

【参考答案】杨甲对不符合调解结案的案件，仍指示对其调解结案，构成徇私枉法罪，同时在明知其妻受贿贿赂时，没有要求妻子上交或者退还，视为其有受贿行为，构成受贿罪。根据《刑法》第三百九十九条的规定，应当择一重罪处罚。